내일도 숲을 볼 수 있을까?

양해림 지음

㈜자음과모음

책머리에

자연을 지키는 것은 인간의 책임

우리는 이 책에서 독일의 생태 철학자 한스 요나스를 만나 볼 거예요. 그의 대표적인 저서는 『책임의 원칙』이랍니다. 환경에 대한 인간의 책임과 윤리를 담은 아주 훌륭한 책이지요. 책 내용은 학자, 사업가, 정치 지도자뿐만 아니라 일반 시민들 사이에서도 큰 반향을 일으켰어요. 특히 학자나 전문가들보다 일반 대중들에게 큰 인기를 끌었답니다.

한스 요나스는 『책임의 원칙』에서 과학 기술이 지배하는 현대 사회에서 어떤 윤리가 진정 필요한지를 묻고 있습니다. 특히 최근 뜨거운 감자로 떠오르고 있는 생태 문제를 책임 윤리와 연관시켜 소개하고 있어요. 환경 문제를 철학이나 윤리학의 관점에서 살펴보며 그 해결책까지 제시하고 있지요.

한스 요나스는 우리의 생활 방식이 급격히 변하면서 바뀌고 있는 것들에 주목해요. 그것은 인류가 발전시켜 온 과학 기술 때문인데요. 변화한 생활 때문에 환경 오염의 피해가 극심해지고 있다고 경고하죠.

지금까지 아리스토텔레스, 아우구스티누스, 스피노자, 칸트, 헤겔 등과 같은 유명한 철학자들의 전통 윤리학은 오로지 '지금'과 '여기'에 살고 있는 인간을 중심에 두고 다루고 있지요. 한스 요나스는 전통 윤리학이 인간과 인간, 그리고 우리 주변에서 일어나고 있는 선악과 관련된 내용에만 집중하고 있다고 비판해요. 즉 우리의 잘못된 행동이 만든 직접적 결과에 대해서만 책임을 묻고 있다고 지적해요. 단지 잘못된 행동을 저지른 사람이 법적, 도덕적인 책임만 지면 된다는 태도는 안일하다는 거죠. 이를테면, 지금까지 우리가 배운 윤리학에서는 이런 말을 해요. "네 이웃을 네 자신과 같이 사랑하라.", "네 자녀를 진리의 길로 이끌어라.", "네 개인적인 행복을 공익에 예속시켜라.", "바르게 살아라, 그렇지 않으면 훌륭한 사람이 될 수 없다.", "네 능력을 최대한 발휘하라, 그러면 행복해질 것이다.", "사람을 수단으로 대하지 말고 항상 목적으로 대하라." 이 문장들에서 공통점을 찾아보세요. 그것은 바로 인간을 중심에 놓고, 인간만을 생각하는 윤리학이라는 점이에요.

한스 요나스는 그런 인간 중심적 사고를 바꿔야 한다고 말해요. 21세기에는 이런 사고방식이 더 이상 타당성을 갖지 못한다고 주장하죠.

자, 그러면 인간 중심의 전통 윤리학을 벗어난 윤리학, 한스 요나스가 들려주는 새로운 생태 윤리학은 어떤 것일까요? 우리 모두 함께 철학 여행을 떠나 볼까요?

양해림

차례

책머리에 자연을 지키는 것은 인간의 책임 … 5
프롤로그 검은 바다, 사라진 물고기 … 16

1 왜 자연에 귀 기울여야 할까?

우리 마을이 물에 가라앉는대요 … 23
더 살기 좋은 마을 … 30
자기 목적 … 40

철학자의 생각 … 55
즐거운 독서 퀴즈 … 58

② 책임의 원칙

양심을 속인 감나무 … 63
풀리지 않는 문제 … 71
우리가 신을 도와야 한다 … 80
철학자의 생각 … 88
즐거운 독서 퀴즈 … 92

❸ 공포의 발견술

유토피아의 환상 … 97
태안반도로 가자 … 111
책임의 동기를 묻다 … 118
철학자의 생각 … 132
즐거운 독서 퀴즈 … 137

4 미래를 위한 책임 윤리

우리 마을을 지키자 … 143

신성한 자존심에 대한 의무 … 152

우리 마을에 놀러 오세요 … 160

대통령 아저씨, 부탁이에요 … 172

철학자의 생각 … 177

즐거운 독서 퀴즈 … 180

네 생각은 어때? 문제 풀이 … 182

등장인물

진아

논리적이고 말솜씨도 똑 부러지는 진아. 시골 마을에 댐이 건설된다고 하자 화려한 도시로 이주해 살고 싶다는 생각을 하지만 마을이 물속에 가라앉으면 마을 사람들의 삶도 가라앉을 거라는 아빠의 말을 듣고 고민에 잠긴다. 선생님은 한스 요나스의 '책임의 원칙'을 들려주며 자연에 대한 인간의 책임을 지적하는데…. 생각이 많아진 진아는 반 친구들한테 기름 유출 사고로 신음하는 태안반도에 봉사를 가자고 제안한다. 검은 바다에서 죽어 가는 생명을 목격한 진아. 대통령에게 댐 건설을 막아 달라는 편지를 띄우기에 이른다.

소율

진아의 단짝 친구. 진아만큼 똑 부러지는 소녀. 군청 공무원인 아빠의 영향 때문인지 댐 건설에 찬성하면서 진아와 갈등을 겪기도 한다. 댐이 건설되면 물 부족에서 벗어나게 되고, 마을 사람들은 좋은 일자리를 얻게 되며, 마을은 관광 레저 산업 같은 4차 산업이 들어와 더 발전한다나. 하지만 소율이도 진아와 함께 태안반도에 기름을 걷어 내는 봉사를 하면서 생명의 소중함을 깨닫게 된다. 과연 댐 건설을 찬성했던 소율이의 생각은 바뀌게 될까?

진아 아빠

진아 아빠는 농사를 짓는 농민. 대대로 터를 이루며 살았던 마을에 댐 건설 계획이 발표되자 앞장서서 댐 건설 반대 운동을 펼친다. 마을 사람들은 과실수를 심어 보상금을 더 많이 타내려고 하고, 낚시터나 펜션으로 업종을 바꾸려고 하는 등 부산한 움직임을 보이자 대책 마련에 힘쓴다. 마을 사람들의 배신이 두려운 진아 엄마는 진아 아빠에게 상황 파악을 못 한다며 핀잔을 한다. 하지만 꿋꿋이 마을 사람들을 설득하고, 피켓 시위를 하는 등 댐 건설을 막기 위해 고군분투하는 진아 아빠. 댐 건설 반대 운동은 과연 성공할 수 있을까?

진아의 담임 선생님

선생님은 철학자처럼 생각이 깊은 분. 마을에 댐 건설 계획이 발표되면서 아이들 사이에서 대립과 갈등이 커지자 아이들에게 생각의 길을 터주기 위해 대화와 토론 시간을 갖는다. 댐 건설은 환경 파괴일까? 자연을 인간 마음대로 변형시키는 것이 옳은 일일까? 자연을 파괴하는 과학 기술을 어디까지 허용해야 할까? 선생님은 한스 요나스의 생태 철학을 들려주며 과학 기술을 통한 자연 파괴가 윤리적으로 합당한가를 묻는다. 선생님의 질문 속에서 아이들은 자연에 대한 책임 의식이 커져만 가는데….

인간에게 자연에 대한 책임을 묻다
한스 요나스

독일 태생의 유대인 철학자. 프라이부르크대학, 베를린대학, 하이델베르크대학에서 철학과 신학, 예술사를 공부했다. 1935년 나치를 피해 팔레스타인으로 망명했으며, 이후 캐나다를 거쳐 미국에 정착했다. 미국 프린스턴대학, 컬럼비아대학 등에서 객원 교수를 지내고, 뉴욕의 사회조사연구소에서 활동했다. 요나스는 중세 철학자였지만 현실 철학에 관심을 갖게 되면서 1979년 『책임의 원칙』을 출간하고 '생태 철학'이라는 새로운 장을 열었다.

『책임의 원칙』에서 요나스는 인간과 자연에 대한 근원적인 질문을 던진다. 인간이 자연을 지배할 권리가 있는가? 인간에게 자연에 대한 책임은 없는가? 그는 인간이 과학 기술에 의한 환경 파괴가 불가피하다는 근대적 사유에서 벗어나지 않으면 인간은 지구에게 보복당할 것이라고 경고했다. "너의 행위의 귀결이 지구상에서 진정한 인간의 삶의 지속과 조화하도록 행위하라. 혹은 너의 행위의 귀결이 미래에도 인간이 존속할 수 있는 가능성을 파괴하지 않도록 행위하라." 요나스는 이렇게 인간의 책임을 물으며 새로운 생명 윤리를 제시했다.

프롤로그

검은 바다, 사라진 물고기

"12월 7일 태안반도 인근 해상에서 유조선과 해상 크레인이 충돌하면서 기름이 유출돼 서해안은 온통 검은 기름투성이가 되었습니다. 지금 보시는 거대한 유조선에서 검은 기름이 쏟아져 나오고 있습니다. 이 기름은 해상으로 넓게 퍼져 나가고 있고, 만조 때는 그 피해가 더 클 것으로 예상됩니다. 기름 확산을 막기 위해 일차적으로 기름막이를 설치했지만 소용이 없었고, 오일 흡착포와 오일을 중화시키는 화학 약품을 썼지만 역부족인 상태입니다."

헬리콥터의 프로펠러가 돌아가는 소리에 기자의 목소리는 자주 끊겼지만, 급박한 상황은 생생하게 전해졌습니다.

텔레비전 뉴스는 태안반도 기름 유출 사고로 떠들썩합니다. 그도 그럴 것이 그 피해가 어마어마하게 커서 정확한 조사도 불가능할 정도라고 했습니다. 아빠는 뉴스를 보시며 계속 한숨을 내쉬었습니다. 나는 그런 아빠와 뉴스를 번갈아 보며 숨을 죽였습니다.

"타르 덩어리들이 마치 해파리 떼처럼 떠밀려 와서 해안을 뒤덮었습니다."

헬리콥터에 탄 기자는 연신 해안의 모습을 비추었습니다. 해안은 검은 띠를 두르고 있었습니다. 타르 덩어리를 없애기 위해 사람들이 하얀 방제복을 입고 해안에 몰려 있었습니다. 바쁘게 움직이는 사람들은 마치 흰개미 떼처럼 보였습니다. 사람들은 바쁘게 움직였지만, 기름으로 뒤덮인 해안은 그대로였습니다. 거대한 칼이 푸른 바다의 심장을 갈라 검은 피가 주르륵 흘러내리는 것 같았습니다. 아무도 그 검은 피를 막지 못할 것 같았습니다.

"도대체 왜 저런 일이 일어난 거예요?"

답답한 마음에 진아는 한숨을 쉬듯 말했습니다.

"사람들의 부주의 때문이지. 유조선과 해상 크레인 두 선박의 부주의, 과학 기술을 맹신해서 생긴 부주의, 환경의 소중함을 모르는 부주의……. 그것이 지금 우리뿐만 아니라 바다의 모든 생명, 후손들에게까지 큰 상처를 주었구나."

아빠는 목이 타시는지 물을 벌컥벌컥 들이마셨습니다.

"피해가 크겠지요?"

진아는 조심스럽게 물었습니다.

"물론이지. 당장은 기름 유출로 많은 어민들이 피해를 입을 거야. 바다와 갯벌이 생계를 유지시켜 주었는데 말이야. 눈에 보이는 그런 피해뿐만이 아니야. 기름은 독성이 강하기 때문에 작은 미생물들을 모조리 죽게 만들지. 진아도 자연 시간에 생태계에 대해 배워서 알고 있을 거야. 생물 중에서 1차 소비자인 미생물이 죽으면 그다음 생물들이 어떻게 되는지……."

플랑크톤을 작은 물고기가 먹고, 작은 물고기를 큰 물고기가 먹고, 그 물고기를 사람들이 먹는 먹이사슬을 떠올리며 진아는 생태계를 머릿속으로 그려 보았습니다. 결국 바다 오염은 자연 생태계는 물론 우리도 살기 어렵게 한다는 사실을 쉽게 알 수 있습니다.

정말 큰일입니다. 단순히 기름이 바다에 쏟아지고 그것을 많은 사람의 힘으로 닦아 내는 것만으로 끝나는 일이 아닙니다. 앞으로 또 저런 일이 생긴다면? 생각만 해도 끔찍합니다.

"기름은 태안 인근 해안뿐만 아니라 전라도 신안 앞바다까지 빠르게 확산되고 있습니다."

긴박한 뉴스는 매일 계속되었습니다.

결국 인류의 문제는 위로부터가 아니라
아래로부터 실천을 통해 해결되어야 한다.
— 한스 요나스

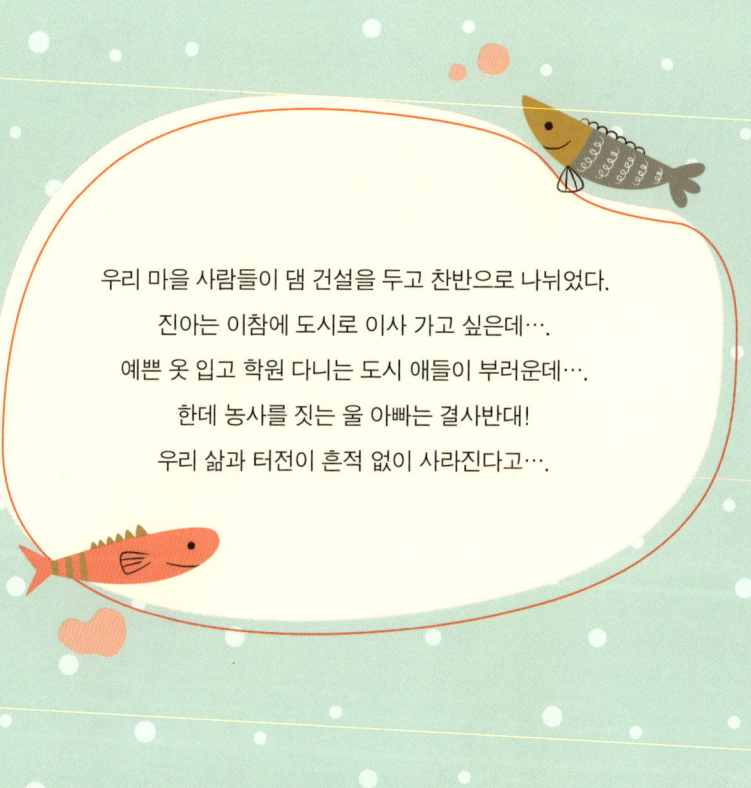

우리 마을 사람들이 댐 건설을 두고 찬반으로 나뉘었다.
진아는 이참에 도시로 이사 가고 싶은데….
예쁜 옷 입고 학원 다니는 도시 애들이 부러운데….
한데 농사를 짓는 울 아빠는 결사반대!
우리 삶과 터전이 흔적 없이 사라진다고….

우리 마을이 물에 가라앉는대요

"난 찬성!"

"나도 찬성."

진아의 말에 동생 진수도 손을 번쩍 들며 말했습니다.

"너희들은 나고 자란 이 마을이 물속에 가라앉는데도 찬성이란 말이야?"

엄마는 얼굴을 찌푸리셨습니다.

"그건 좀 아쉽지만, 그래도 이사 가는 게 어디에요? 난 빨리 이사 갔으면 좋겠어요. 이런 산골 마을은 지긋지긋해요. 만날 보는 산, 논, 밭……. 이젠 도시에 나가서 살고 싶어요."

진수는 과자를 우물우물 씹으며 말했습니다.

"나도 이사 가는 건 좋아요. 사실 여기는 너무 산골이라서 영화를 보거나 예쁜 학용품을 사려면 버스를 타고 한참 나가야 하잖아요. 그리고 지난번에 엄마가 독감으로 아팠을 때 병원이 멀어 밤새 앓고 계셨잖아요. 그때 제 속이 얼마나 탔는지 아세요? 우리가 도시로 이사를 가면 그런 불편함도 없을 테고……. 또 뭐, 어쨌든 난 찬성이에요."

진아의 말에 아빠는 조금 화가 나신 모양이었습니다. 얼굴이 몹시 어두워지셨습니다.

"너희들은 당장 이사 가는 문제에 대해서만 생각하는구나. 댐이 건설되어 우리 마을이 물에 가라앉는다는 문제는 생각해 보지도 않고! 이제 4, 5학년 정도 되었으면 자기 입장에서만 볼 게 아니라 더 넓게 보아야 하는 거 아니니?"

"……."

아빠의 말에 진아와 진수는 잠시 말을 잇지 못했습니다.

"여보, 애들이 뭘 알겠어요? 왜 애들을 다그치고 그래요?"

엄마는 아빠를 야속하게 바라보았습니다.

"그래, 흙먼지 날리지 않고 예쁜 옷 입고 학원 다니는 도시의 아이들이 부럽겠지. 그렇지만 나는……."

아빠는 말을 잇지 못하셨습니다.

부모님은 이 마을에서 대대로 농사를 짓고 사셨습니다. 이 마을은 진아와 진수의 고향이면서 엄마와 아빠의 고향이기도 했습니다.

"이곳은 나와 네 엄마, 그리고 할아버지와 할머니가 태를 묻은 곳이란다."

아빠가 엄숙하게 말씀하셨습니다.

"그런데 아빠, 태…… 가 뭐예요?"

호기심 대장 진수는 언제나 궁금한 것을 못 참았습니다. 진아도 그것이 궁금하긴 했지만 꾹 참고 아빠의 말을 듣고 있는데 진수가 아빠의 말을 끊고 물었습니다.

"태(胎)는 너희들이 엄마 배 속에서 영양을 공급받던 탯줄을 말하는 거야."

엄마의 설명에 진아와 진수는 고개를 끄덕였습니다. 탯줄이라고 했으면 금방 알아들었을 텐데……, 하면서 말이죠.

"엄마 아빠뿐만 아니라 너희들도 병원이 멀어 모두 집에서 낳았단다. 그때 너희 탯줄을 저기 감나무 밭에 묻었지. '태를 묻는 곳은 고향'이라는 말은 단순히 지리적 의미가 아니야. 마음의 안식처라고 할 수 있어. 이 마을이 바로 그런 곳이란다."

분위기가 갑자기 엄숙해졌습니다.

"너희들이 앞으로 커서 다른 곳에 살게 되더라도 나는 태를 묻은 이곳에서 농사를 지으며 살 생각이었단다. 넉넉하지는 않아도 마음 편한 이곳에서…… 그런데 댐이 만들어지면 태를 묻은 이곳은 물에 가라앉고 흔적도 없이 사라지는 거야."

아빠는 한숨을 내쉬며 창밖을 내다보셨습니다.

"그렇지만 아빠, 요즘 같은 세상에 농사를 지으며 산다는 것은 정말 어려운 일이라고 하셨잖아요. 농산물 가격이 떨어져서 농사로만 먹고살기 힘들다며 술을 드실 땐 언제고……. 차라리 더 큰 도시로 나가서 장사나 뭐, 그런 거 하면서 살면 더 낫지 않겠어요?"

진수는 마을에 댐이 건설되어 마을 사람들이 모두 이사를 가야 한다고 했을 때 몹시 흥분했었습니다. 도시에서 살고 싶은 마음에서였지요. 그것은 진아도 마찬가지였지만, 아빠의 말씀을 듣고 보니 태어난 곳이 사라져 어쩔 수 없이 떠나야 한다는 사실을 쉽게 받아들일 수만은 없었습니다.

'우리 마을이 물에 가라앉는다?'

진아는 곰곰이 생각해 보았습니다.

우리들의 비밀 장소인 물레방앗간, 엄마 놀이를 하던 옛 주막터, 여름마다 뛰어놀던 냇가, 숨기에 딱 좋은 넓적한 형제바위, 그 모든 것이 물에 가라앉는다는 말인데…….

"그럼, 우리 할아버지, 할머니 묘는요?"

유난히 할머니를 잘 따랐던 진수가 갑자기 소리를 질렀습니다. 진수는 학교에 들어가기 전까지 할머니 젖을 만지며 잤습니다. 할아버지는 일찍 돌아가셔서 기억에 없지만, 할머니에 대한 기억은 생생했습니다. 재작년 할머니가 돌아가셨을 때 진수가 얼마나 많이 울고 밥도 먹지 못하고 앓았는지 진아도 기억하고 있었습니다.

"물론, 물속에 가라앉겠지. 무덤을 옮길 수 있지만 할아버지, 할머니 묘에 대한 기억은 사라지는 거지."

아빠의 말씀에 진아는 미간을 찌푸렸습니다.

할머니, 할아버지 묘는 멀리 강이 내려다보이는 전망 좋은 곳이었습니다. 섬기린초와 싸리꽃이 예쁘게 피는 곳이지요. 햇볕이 잘 드는 그곳에서 낮잠을 자면 마치 할머니의 팔베개를 베고 누워 있는 것만 같았습니다.

"우리 마을처럼 인정 넘치고 살기 좋은 곳도 없단다. 도시로 가도 때 묻지 않은 공기와 넘치는 인심이 있을까?"

"맞아요! 지난번 김장도 우리 마을은 함께 해서 나누어 먹고, 정월 대보름 때 달집도 태우고, 어른들과 함께 줄다리기하고, 또 맛있는 인절미랑 조청도 먹고…… 히히, 고구마 조청은 정말 맛있는데……. 흰 가래떡 찍어 먹고, 쑥인절미를 찍어 먹고 손가락으로 찍어 먹고……."

진수가 침을 꼴깍 삼켰습니다. 진아는 그런 진수가 귀여웠지만 웃을 수가 없었습니다.

"댐이 만들어져 우리 마을이 물에 가라앉으면, 우리가 사는 집만 없어지는 게 아니야. 그래서 단순히 이사 문제만이 아니라고 했던 거야. 우리 조상의 묘, 우리의 이웃, 일을 잃는 것뿐만 아니라, 우리의 뿌리, 이웃의 정, 일의 보람, 삶의 추억……. 모든 것이 물속으로 가라앉는 거지."

아빠가 무엇을 안타까워하시는지 진아는 조금은 알 것도 같았습니다.

"사실 그런 문제뿐만이 아니야. 엄마도 처음엔 너희들처럼 도시에 나가 사는 것이 더 좋다고 생각했어. 도시에 가면 너희들은 교육 혜택을 더 많이 받을 수 있고, 농촌의 불편한 생활도 줄어들 테니까. 그렇게 사는 건 엄마에게도 꿈이었단다."

진수는 엄마도 이사를 가는 것에 찬성이신 듯하여 절로 웃음이 났습니다.

"그렇지만 이사를 가고 싶어도 가지 못하는 이유가 또 있어. 댐을 건설하게 되면 우리는 여기를 떠나는 대신 보상으로 돈을 받아. 그런데 그 보상금이 터무니없이 적어서 그 돈으로는 이사 갈 일이 막막하단다."

엄마는 깊은 고민이 담긴 한숨을 내쉬셨습니다.

사실 진아와 진수는 그런 문제까지는 깊이 생각해 보지 못했습니다. 그냥 어른들의 일이라고만 여겼기 때문이었습니다.

"그럼 우린 어떡해요?"

엄마의 이야기를 끝까지 듣고 난 진수가 울상을 지었습니다. 우리 가족은 서로 얼굴만 바라보다 한숨을 내쉬었습니다.

더 살기 좋은 마을

"댐 건설을 반대한다!"

"더 이상 과학 기술을 막지 마라!"

"수몰 지역민의 보상금을 재편성하라!"

"댐 건설로 발전된 마을을 만들자!"

댐 건설을 찬성하거나 반대하는 현수막과 피켓이 여기저기서 춤을 추었습니다. 찬성과 반대의 목소리가 한 치의 양보도 없이 차가운 겨울 하늘에 울려 퍼졌습니다.

'댐 건설 평가위원회'가 오늘 마을에 온다는 소식에 더욱 소란스러웠습니다. 아이들까지 몰려나와 어른들 틈바구니에서 우왕좌왕했습니다. 논밭 일을 제쳐두고 나와 목소리를 높이는 어른들을 보니 분위기가 심상치 않았습니다. 진아는 단짝 친구 소율이와 손을 꼭 잡고 어른들 사이를 서성였습니다.

"큰일이야. 댐이 만들어지면 우리 마을이 물속에 가라앉아 사라지고 만대. 그리고 나라에서 주는 보상금으로는 이사 갈 곳도 없대."

나는 소율이에게 걱정스럽게 말했습니다.

"뭐가 걱정이야? 이사 가면 되지. 어디든 가서 살면 이런 시골 마을만 하겠니? 처음엔 어렵지만 다 살기 마련이라고 하시더라."

소율이는 아무렇지 않은 듯 가볍게 말했습니다.

"누가?"

"우리 아빠가."

"그럼, 너희는 댐 건설에 찬성하는 거야?"

진아는 왠지 소율이에게 배신감을 느꼈습니다. 한 번도 의견이 달라 본 적이 없는 소율이었습니다. 그런데 소율이네는 진아네와 달리 댐 건설에 찬성하는 모양이었습니다.

"그럼, 당연하지. 댐이 왜 생기는 줄 알아?"

"그거야……."

진아는 당황했습니다. 댐이 왜 생길 수밖에 없는지에 대해선 생각해 보지 않았습니다.

"지금 우리나라뿐만 아니라 전 세계적으로 물이 부족해. 물이 부족하면 어떻게 되겠니? 생명이 있는 모든 것은 죽게 마련이야. 생각해 봐. 우리가 먹는 밥도 물이 있어야 지을 수 있고 밥이 되는 쌀도 물이 있어야 생산할 수 있어. 물이 없으면 우리는 더러운 옷을 입고 꼬질꼬질한 얼굴을 하고 다녀야 할걸? 댐은 그런 부족한 물을 저장하고, 필요할 때는 알맞게 물을 공급하기 위해 만들어지는 거라고."

소율이의 말에 진아는 고개를 끄덕였습니다. 한참 멋 부리기에 관심이 많은 초등학교 5학년이었습니다. 더러운 옷과 꼬질꼬질한 얼굴이라는 말에 진아는 얼굴을 찡그렸습니다.

그러고 보니 자연 시간에 댐에 대해 배운 것이 생각났습니다. 댐은 하천 물을 조절하기 위해 인공적으로 만든 저수지입니다. 물이 충분히 있을 때 저수지에 물을 가두었다가, 물이 부족할 때 저수지로부터 흘려보내는 기능을 하는 것이 바로 저수 댐이지요.

지난번에 가뭄이 들어 그해엔 흉작이었습니다. 엄마 아빠는 수확량이 적어 모종과 비료 값을 갚지 못해 은행에서 돈을 빌릴 수밖에 없었습니다. 아직도 그때 빌린 돈으로 빠듯한 살림을 하고 계신다고 들었습니다.

"비나 눈이 내리는 것을 우리가 마음대로 조절할 수 있다면 이런 댐 같은 건 만들어지지 않을지도 몰라. 물이 많이 필요할 때는 비나 눈을 많이 내리게 하고, 홍수가 걱정되면 비나 눈을 내리지 않게 하면 되니까."

"그건 말도 안 되지!"

"맞아, 물의 양을 우리 마음대로 조절할 수 없기 때문에 댐이 필요한 거라고. 그러니까 이건 한마디로 과학의 발전이라고 할 수 있지. 과학 기술의 발전으로 우리가 물을 저장하고 쓸 수 있는 환경으로 바꿀 수 있는 거야."

소율이가 제법 차근차근 설명했습니다.

"그렇지만 댐이 만들어지면 우리처럼 물에 가라앉는 곳이 생기잖아."

소율이의 설명에도 진아는 어쩐지 걱정스러운 마음이 사라지지 않았습니다.

"그건 어쩔 수 없는 문제야. 생각해 봐. 꼭 필요해서 댐을 만드는 것일 텐데, 우리가 마을을 지키겠다는 이기심만으로 댐 공사를 반대하면 어떻게 되겠니? 오히려 가뭄과 홍수가

해마다 일어나서 더욱 살기 어려워질걸?"

"댐이 만들어지면 환경도 오염된다는데?"

"무슨 말씀! 그 생각은 잘못된 거야. 물론 댐이 만들어지면 자연이 파괴되는 건 맞아. 하지만 물이 많으면 하천에 물을 충분히 줄 수 있고 생태계 또한 유지될 수 있을 거야. 오히려 동식물을 보호할 수 있다는 말이 맞을걸?"

진아는 소율이의 말이 썩 미덥지 않았습니다. 오히려 동식물을 보호할 수 있다니요? 아무래도 댐이 건설되면 주변의 모든 생물은 사라지게 될 텐데…….

"그뿐만 아니야. 너 수력 발전에 대해 들어봤지?"

"응. 화력 발전, 조력 발전, 원자력 발전, 수력 발전…… 뭐 그런 걸 말하는 거야?"

"그래, 바로 댐의 기능 중 하나가 수력 발전을 할 수 있다는 건데, 수력 발전은 무공해 에너지를 생산하는 거야. 그런 에너지가 전기를 많이 쓰는 우리 생활을 더욱 편리하게 해 준다는 사실!"

소율이는 거침없이 설명했습니다. 진아는 그런 소율이가 대단하게 여겨졌습니다.

"너 그런데, 그런 건 다 어디서 들었니?"

"우리 아빠!"

"그……렇구나."

진아는 소율이의 아빠가 부러웠습니다.

소율이의 아빠는 군청에서 일을 하십니다. 대부분의 마을 사람들처럼 농사를 짓지 않으시지만, 시내에 살지 않고 우리 마을에 살고 계십니다. 소율이의 아빠는 소율이와 나처럼 우리 아빠와 어렸을 적에 단짝 친구라고 했습니다. 그러나 소율이 아빠는 오랫동안 도시에 나가 공부를 하고 직장을 다니다가 지난해에 다시 우리 마을로 이사를 오셨습니다. 소율이 아빠와 진아 아빠는 어렸을 때처럼 단짝 친구는 아니고 그냥 고향 친구로 남았다고 합니다.

"우리 아빠가 댐이 만들어지면 오히려 더 살기 좋은 곳이 될 수 있다고 하셨어. 물론 마을 자체가 사라지기는 하지만, 댐이 만들어지면 주변 경관이나 자연 환경을 더욱 발전시킬 수 있다고 하셨거든. 사람들은 마을을 떠나면 무엇을 하며 먹고살까 걱정이 많다고 하셨는데, 댐이 생기면 오히려 일자리가 많이 생긴다고 해."

"어떻게?"

진아는 소율이의 다음 말이 너무 궁금했습니다. 농사를

짓지 않으면 무얼 해 먹고살까? 걱정이 많은 아빠에게 좋은 정보를 드릴 수도 있다는 생각이 들었습니다.

"다른 곳에도 우리 마을처럼 댐이 들어온 곳이 있대. 저수지에서 낚시터를 만들어 장사를 하는 사람들도 늘었고, 하천에서 해양 스포츠를 하는 사람들도 많이 생겼대. 그런 것들이 생기면 다른 곳에서 사는 사람들이 우리 마을을 많이 찾을 거야. 그러니 주변에서 장사를 하면 얼마나 돈을 많이 벌겠니? 그러니까 1차 산업에만 매달리지 말고 관광, 레저와 같은 4차 산업 같은 데 눈을 돌려야지."

진아는 소율이가 대단하게 느껴졌습니다. 어떻게 그런 어려운 말을 다 하는지, 평소의 소율이 같지 않았습니다. 그러나 진아는 아빠가 말씀하신 태를 묻은 고향에 대해 생각했습니다. 과학 발전에 대한 이익에만 생각이 머물면 안 될 것 같았기 때문입니다.

"그렇지만…… 우리 마을이 없어지면 너랑 같이 갔던 물레방앗간도 없어질 테고, 그리고……."

진아는 머뭇거렸습니다.

"진아야, 감정에만 치우치지 말고 좀 넓게 생각해 봐. 그런 것쯤은 희생할 줄도 알아야 해. 과학이 발전하려면 말이야. 사실 좀 더 발전된 삶을 사는 것이 모두가 원하는 바 아니겠니?"

"그건 그렇지만……."

진아는 소율이의 말이 왠지 교과서를 읽는 것처럼 느껴졌습니다. 교과서에는 무조건 옳은 내용이 담겨 있습니다. 하지만 그렇다고 다 마음에 드는 건 아닙니다.

진아는 대체 어떤 것이 옳은 것인지 생각하느라 머리가 아팠습니다. 댐 건설을 찬성해야 할지 반대해야 할지, 갈피를 잡지 못했습니다.

그때 구호를 외치던 사람들이 술렁대기 시작했습니다. 댐 건설 평가위원회가 마을 입구에 들어서고 있었습니다. 사람들은 흥분한 듯 더욱더 목소리를 높여 구호를 외치기 시작했습니다.

"댐 건설을 철회하라."

댐 건설 평가위원회의 한 사람이 이동식 스피커를 들고 말을 하려고 했습니다. 그러나 사이렌처럼 '삐' 하는 소리만 요란할 뿐, 그 사람의 말은 들리지 않았습니다. 그때 누군가가 평가위원회 사람들에게 계란을 던졌습니다. 구호도 사라지고 사람들이 아우성치기 시작했습니다.

어른들이 우르르 몰려가는 바람에 소율이와 진아는 몸을 피해 그곳을 빠져나왔습니다. 도대체 이 일을 어떡하면 좋을까요?

자기 목적

진아와 소율이는 어른들 틈을 빠져나왔습니다.
"어? 안녕하세요?"
"안녕하세요?"

소율이가 꾸벅 인사를 하는 바람에 진아도 따라 인사를 했습니다. 분교장 선생님이시자 5, 6학년 담임이신 우리 선생님께서 멀리서 뒷짐을 지고 서 계셨습니다.

우리 학교는 시골 마을 중에서도 산골에 있기 때문에 분교입니다. 두 학년이 함께 반을 이루어 공부를 하고 있습니다. 선생님도 모두 세 분밖에 안 계십니다. 그래서 분교장 선생님 겸 담임 선생님이 되는 거랍니다. 우리 학교에는 젊은 선생님이 안 계셨습니다. 젊은 선생님은 거의 도시로 가시기 때문에 이곳처럼 산골 학교에는 지원을 안 하신다고 합니다. 그나마 우리 마을에 한번 오셨다가 아름다운 자연에 푹 빠져 1, 2학년 담임 선생님이 된 분이 제일 젊은 선생님이신데, 그분도 곧 마흔이 된다고 합니다. 그분이 오시기 전에는 선생님이 딱 두 분뿐이었는데 지금은 세 분이 되었답니다.

우리 반은 5, 6학년이 한 반이지만 5학년 학생 다섯 명이 전부입니다. 6학년은 딱 한 명 있었는데, 중학교를 가기 위해 지난여름 도시로 전학을 갔습니다.

우리는 선생님께 다가갔습니다. 선생님은 어른들이 시위하는 모습을 보며 안경을 고쳐 쓰셨습니다.

"너희들도 시위를 했니?"

"아뇨. 그냥……."

진아는 고개를 저었습니다.

"그런데 선생님, 선생님은 댐 건설에 찬성하세요? 아님 반대하세요?"

소율이의 질문에 선생님은 웃으셨습니다.

"글쎄? 너희들은 어떠니?"

"잘 모르겠어요. 자꾸만 헷갈려요."

진아는 고개를 갸우뚱했습니다.

"저는 찬성이에요. 여러 가지 생각해 봤는데 댐 건설은 우리에게 아주 유용한 것 같아요."

"그래? 인간에게 유용하다? 그럼 진아는?"

"저는…… 잘 모르겠지만…… 저는 부모님이 반대하시니까……."

진아는 부모님 말씀을 들었을 땐 댐 건설에 반대했습니다. 그러나 소율이의 말을 듣고 보니 꼭 반대할 일만은 아닌 것 같았습니다. 무엇을 우선해서 생각해야 할지 잘 몰랐습니다.

"선생님은요? 어떠신데요? 찬성이시죠?"

진아는 선생님도 소율이처럼 댐 건설에 찬성하실 거라고 생각했습니다. 선생님은 많이 배우신 분이니까 과학 기술 발전에 대해 잘 알고 계실 테고, 단순히 우리 마을이 없어진다는 이유만으로 댐 건설을 반대하실 리가 없을 것 같았습니다.

"글쎄…… 나는 찬성과 반대를 떠나서 우리가 무엇을 목적으로 어떻게 결정짓고 행동해야 할지에 대해 먼저 생각해 보아야 한다고 보는데?"

선생님의 말씀에 진아와 소율이는 어리둥절했습니다.

"그게 무슨 말씀이세요?"

진아는 선생님께 물었습니다.

"댐 건설의 근본적인 목적이 어디에 있다고 생각하니?"

선생님은 대답 대신 오히려 우리에게 질문하셨습니다.

"그거야, 잘살기 위해서 아니겠어요?"

소율이가 대답했습니다. 쉬운 것 같으면서도 어려운 질문이었습니다.

"그것보다 더 근본적인 목적은?"

"글쎄요……."

진아와 소율이는 선생님이 어떤 답을 원하는지 알 수가 없었습니다.

"철학자 한스 요나스는 '인간의 근본적인 목적은 누구나 자기를 보존하는 데 있다.'고 했단다. 그것을 '자기 목적'이라고 표현했지."

선생님의 말씀에 진아와 소율이는 난감한 표정을 지었습니다. 철학자 한스 요나스라니요? 처음 들어보는 이름에다 철학자라는 말에 기겁을 했습니다. 그렇지만 인간의 목적은 누구나 자기를 보존하는 데 있다는 말은 쉽게 이해가 되었습니다. 그건 당연한 이야기니까요.

"한스 요나스에 대해선 잘 모르겠지만 선생님의 뜻은 이해가 되네요. 그러니까 인간은 자신의 생명을 보존하는 데 목적이 있다는 말씀이시잖아요."

"그렇단다. 인간은 오직 하나밖에 없는 자신의 생명을 보존하려는 목적을 가지고 있어."

"그건 당연한 것 아닌가요? 생존하기 위한 본능이니까요."

선생님은 어렵게 설명하셨지만, 그건 누구나 알고 있는 것이었습니다. 자신의 생명을 가장 소중하게 여기지 않는 존재가 있을까요? 그건 사람뿐만이 아닐 것이라고 생각했습니다. 야생의 동물들도 자신의 생명을 보존하기 위해 먹고 먹히며 살아가잖아요?

"그런데 그게 댐 건설과 무슨 상관이 있죠? 댐 건설이 인간의 생존을 위해 당연하다는 말씀인가요?"

진아는 선생님이 하시는 말씀의 의도가 궁금했습니다.

"그런 뜻은 아니란다. 인간은 생명이 현재에 존재하고 미래에도 존재하리라는 그 자체를 '선(善)한 것'이라고 해. 그러나 생명이 존재하기 위해선 책임이 따르기 마련이란다."

"책임이요? 무슨 책임이요?"

선생님의 설명이 어려워지자 진아와 소율이는 어리둥절한 표정을 지었습니다.

"아하!"

진아가 갑자기 소리쳤습니다. 소율이와 선생님이 진아를 쳐다보았습니다.

"지금 댐 건설 이야기를 하시면서 책임에 대해 말씀하시니까 생각났는데, 그러니까 자연을 지키며 살아야 한다는 그런 책임을 말씀하시려는 거지요?"

소율이는 진아의 말이 이해가 되지 않는 듯, 고개를 저었습니다.

"진아가 눈치가 빠르구나? 그래, 인간에게는 자연을 훼손시키지 않고 존속해야 한다는 근본적인 책임이 있다는 말을 하고 싶었던 거야."

"그럼, 댐 건설이 자연을 훼손시키니까 반대해야 한다는 말씀이신가요?"

소율이는 선생님과 진아의 생각에 동의할 수가 없었습니다.

"허허. 댐 건설의 찬성과 반대를 벗어나 좀 더 근본적으로 생각해 보라고 한 말이란다. 너무 성급하게 결론으로 가는걸?"

선생님 말씀에 소율이와 진아는 댐 건설 찬성, 반대에만 머물렀던 생각이 멋쩍었습니다.

"인간은 지금껏 기술을 통해 최고의 기술 문명을 꽃피워 왔어. 하지만 그 이면에는 자연을 줄기차게 위협해 왔고, 이미 많은 부분을 돌이킬 수 없을 정도로 훼손시켜 왔어. 이제 우리는 더 늦기 전에 모든 환경 문제를 가슴 아프게 느끼고 책임져야 해. 인간은 살아가면서 생태계를 위협하는 기술적인 문제들을 깊이 생각해야 한단다."

선생님은 안경을 고쳐 쓰며 낮은 기침을 하셨습니다. 진아는 저도 모르게 끙, 앓는 소리를 냈습니다. 그 모습을 보고 선생님이 웃으셨습니다.

"왜? 내 말이 어렵니?"

"네, 무슨 말씀인지 도무지 모르겠어요."

진아는 머리를 긁적였습니다.

"그럼 재미있는 이야기 하나 해 줄까?"

선생님의 말씀에 진아와 소율이는 귀가 솔깃했습니다.

"뭔데요?"

"너희들 프로메테우스라고 아니?"

"그럼요! 그리스 신화에 나오는 사람이잖아요. 인간에게 불을 가져다주었던……."

소율이가 아는 체를 했습니다.

"그 정도는 저도 알아요."

진아도 소율이에게 지기 싫은지 아는 체를 했습니다.

"허허, 그래. 모두 잘 알고 있구나. 프로메테우스는 진흙으로 최초의 인간을 만든단다. 제우스는 프로메테우스에게 인간을 창조하라는 명령을 내렸지. 프로메테우스는 대지에서 흙을 조금 떼어 내어 물로 반죽하고 신의 형상을 닮은 인간을 만들었어. 그는 인간에게 몸을 쭉 펴서 설 수 있는 자세를 만들어 주었지. 그래서 다른 동물들은 모두 얼굴을 땅으로 떨어뜨리며 걷지만, 인간은 얼굴을 하늘로 향해 별을 바라볼 수 있게 된 거야."

선생님의 이야기는 역시 재미있었습니다.

"프로메테우스는 자신이 만든 인간이 너무나 나약하다고 생각했어. 그래서 제우스 몰래 불을 훔쳐다가 인간에게 준단다. 오늘날 인간이 다른 종들을 제치고 문명을 일으키고 또 이렇게 눈부시게 발전한 계기도 바로 불이 있었기 때문이야. 불은 프로메테우스가 인간에게 준 큰 축복이라고 할 수 있지."

"그 얘긴 들어 본 것 같아요. 불 때문에 인류의 문명이 발전하게 되었다는 사실이요."

진아는 언젠가 읽었던 그리스 신화가 떠올랐습니다.

"그러나 인간에게 너무나 고마운 신인 프로메테우스는 그 선물 때문에 고통의 시간을 보내게 된단다. 제우스가 자신을 속이고 인간에게 불을 가져다준 사실을 알게 되어 그에게 벌을 내렸던 거야."

"어떤 벌을요?"

진아와 소율이는 동시에 물었습니다.

"제우스는 불을 인간에게 주었다는 이유로 프로메테우스에게 형벌을 내려. 코카서스 산의 바위에 쇠사슬로 묶여 독수리에게 간을 쪼여 먹히는 벌이지. 단순히 거기에서 끝나지 않았어. 낮에는 독수리에게 간을 쪼여 먹히고, 밤이면 간이 원래대로 회복되어서 낮에 또 간을 쪼이는 고통을 반복해서 당하게 된 거지. 프로메테우스는 날마다 살을 에는 극심한 고통을 겪었어. 그래서 프로메테우스가 희생의 상징으로 여겨지기도 하지."

"어머나! 불쌍해라. 인간을 위해 고통을 당할 수밖에 없었던 프로메테우스!"

소율이는 끔찍한 생각이 들어서 눈을 질끈 감았습니다.

"프로메테우스의 희생에 대해 말하려는 게 아니야."

"그럼요?"

선생님의 말씀에 또 진아와 소율이가 동시에 말했습니다. 척척 마음이 맞는 두 사람은 서로 얼굴을 마주 보며 웃었습니다.

"프로메테우스가 인간에게 불을 가져다준 것은 바로 과학의 성장을 의미하는 것인데, 그러한 과학의 성장은 인간의 이기심을 불러왔고, 인간은 자연을 지배하려는 욕망을 이루기 위해 자연에 돌이킬 수 없는 피해와 훼손을 가져왔다는 이야기를 하고 싶었던 거야."

"그럼 프로메테우스는 자신의 희생으로 인간에게 자연을 지배하는 권력을 준 셈이네요?"

"잘 지적했단다. 바로 그거야. 인간에게 과학 기술은 권력인 셈이야."

선생님의 설명에 소율이는 고개를 갸우뚱했습니다.

"그렇다면 그건 좋은 거야? 나쁜 거야?"

그러자 선생님이 덧붙였습니다.

"결국 인간의 자기 목적은 과학 기술을 성장시켰으나 자연, 동물 등 지구 환경을 위협하게 된 것이 지금 이 시대의 현실이지."

"그렇지만 인간이 살기 위해서는 어쩔 수 없는 일 아니에요?"

소율이는 선생님이 댐 건설에 반대하는 입장이신 것 같다는 생각이 들었습니다.

"인간이 자기 목적을 갖는 건 당연한 일이지만, 그 당연한 권리엔 윤리적 책임이 따른단다."

"윤리적 책임이요?"

한동안 말이 없던 진아가 물었습니다.

"그래. 자연의 침범은 인간이 책임져야 할 대상이야. 인간들이 만들어 낸 엄청난 기술공학은 그만큼 책임을 가져야 한다는 말을 하고 싶었어."

"그렇지만 그건 너무 힘든 일이에요. 인류가 발전하려면 자연의 희생이 따를 수밖에 없는 것 아닌가요?"

소율이는 여전히 선생님의 말씀이 이해되지 않았습니다.

"무엇을 희생시켜야 할 것인가를 먼저 생각해야 하지 않겠니?"

선생님은 빙그레 웃으셨습니다.

"맞아요! 인간이 아무리 과학 기술을 성장시킨다고 해도 근본적으로 인간은 자연에 의존해서 살 수밖에 없는 존재예요. 그러니 자연에 대한 책임 없이 과학 기술을 발전시킨다는 것은 말도 안 되는 것 같아요. 우리가 아무리 멋진 건물을 만든다고 해도 자연인 땅을 딛고 살 수밖에 없잖아요? 그러니까 자연에 대한 책임이 우선인 거죠."

진아는 자신이 대단한 발견을 해낸 것 같은 마음에 뿌듯했습니다.

"허헛! 제법인걸"

선생님은 진아와 소율이의 머리를 쓰다듬어 주셨습니다.

"그래서 선생님은 댐 건설에 반대하시는 거예요? 아님 찬성하시는 거예요? 인간의 자기 목적이라는 측면에서는 과학 기술을 발전시키는 것이 정당해요. 그런데 자연에 대한 윤리적인 책임을 져야 한다는 말씀은 자연을 훼손해서는 안 된다는 말씀 같기도 하고요."

소율이는 선생님의 말씀이 아리송했습니다.

"그 대답은 너희들이 찾는 것이 좋겠구나. 다만 나는 과학 기술이 발전하는 과정에서 우리는 현재가 아닌 미래를 바라보고, 인간 중심에서 벗어나 객관적인 자연의 목적에 맞는 방향으로 일이 진행되었으면 한단다."

진아는 저도 모르게 고개를 끄덕였습니다.

"자연 생태계의 상황을 주의 깊게 관찰하면서 말이지. 그런 책임 윤리를 가지고 댐 건설이 유용한 것인지 아닌지를 판단했으면 한단다."

진아와 소율이는 선생님의 말씀이 어렵게만 느껴졌습니다. 이해가 될 듯하면서도 쉽게 결론이 나지 않았습니다. 선생님은 허허, 웃으시더니 학교를 향해 가셨습니다. 진아와 소율이는 그런 선생님의 뒷모습만 바라보았습니다.

네 생각은 어때?

진아네 반 선생님은 프로메테우스가 인간에게 불을 준 것은 자연을 지배할 수 있는 '권력'을 준 것과 같다고 말하고 있어요. 이 불이 과학 기술을 발달시켜 인간이 자연을 지배할 수 있는 힘을 부여한 것이라고 말이에요. 그렇다면 인간은 주어진 권력을 어떻게 써야 할까요? 자신의 생각을 말해 보세요.

▶풀이는 182쪽에

철학자의 생각

책임의 원칙

자기 존재를 지속하려는 '자기 목적'

　한스 요나스의 저서 『책임의 원칙』에는 과학 기술의 발달이 부른 환경의 변화를 지적하고 있어요. 이제까지 우리가 배웠던 전통 윤리학은 인간에 대해서만 관심을 가지고, 인간과 자연, 인간과 그 밖의 생물에 대해서는 큰 관심을 가지지 않았다고 말했지요. 그러면서 자연을 지배하면 행복해지리라고 믿었는데 오히려 불행이 가중되고 있다고 했어요. 수많은 환경 오염 피해 사례를 들면서요.

　그는 그리스 신화에 나오는 프로메테우스가 갖고 있던 불의 권력이 현대에는 근대 과학 기술의 권력이 되었다고 비유했어요. 과학 기술 권력은 인간에게 유토피아를 가져다주었지만, 지금은 암울한 미래 사회의 모습을 예견하게 한다고 지적하고 있지요.

한스 요나스는 인간의 근본적인 목적은 누구나 자기를 보존하는 데 있다고 했어요. 어떤 다른 목적을 위해서가 아니라, 오직 하나밖에 없는 자기 자신의 생명을 보호하고 보존하려는 목적이죠. 이것을 '자기 목적'이라고 해요. 예를 들어, 학교에서 선생님의 말씀을 귀담아 듣고 공부를 열심히 하는 것도 미래의 행복을 위해, 자기를 보다 잘 보존하고자 하는 것이죠. 그리고 우리가 훌륭한 사람이 되고 싶어 어떤 목적을 갖고 노력하는 것도 남을 위해서가 아니라 자기 자신을 위해서입니다.

자기 자신을 보존하려는 욕망은 인간에게만 있는 것이 아니라 다른 생물에게도 있지요. 그런데 인간은 인간 이외의 생물에 대해서는 관심을 기울이지 않죠. 한스 요나스는, 인간은 자연도 똑같이 목적을 갖고 있다는 생각을 하지 않는다고 비판하죠.

자연을 지키는 것이 인간을 지키는 것이다

인간들은 더 이상 자신의 목적을 위해 무분별한 행위를 해서는 안 돼요. 자연은 인간을 위한 경제 활동으로 무참히 밟히고 침해받아 왔어요. 그 결과 자연은 심각한 위험에 빠졌죠. 인간이 오랜 세월 동안 기술이라는 권력을 이용하여 최고의 기술 문명을 꽃피운

대가인 거죠.

　이제 우리는 더 늦기 전에 모든 자연을 침해한 것에 대해 반성하고, 책임을 느끼며, 더 이상 지구에 피해가 가지 않도록 해야 해요. 인간은 자연에 책임을 져야 할 충분한 이유가 있어요. 우리는 자연에 의존해 살아가는 사람들을 보며 그들과 우리 모두의 삶을 위협하는 과학 기술의 위험성에 대해 이야기하곤 하죠. 한스 요나스는 과학 기술이 초래하는 결과에 대해 이렇게 명령합니다. "인간은 자연에 주어진 목적을 지닌 존재들이 요청하는 권리를 충족시켜라." 요나스의 이 말은 인간뿐 아니라 무생물조차도 누구나 자기를 보존하고자 하는 목적이 있다는 것을 깨닫고 행동하라는 것입니다.

　우리는 자연 그 자체가 목적을 갖고 있다고 생각하며, 목적론적인 것을 선(善)이라고 말해요. 인간은 존재하는 모든 것 중에 가장 많은 목적을 가지고 있지요. 그렇다면 자기 목적을 가진 또 다른 행위자인 자연의 존재를 인식할 수 있어야 해요. 결국 한스 요나스는 우리 인간이 자연보다 우월한 존재가 아니라 자연에 의존해 살고 있다는 사실을 겸허히 받아들여야 한다고 강조하는 것입니다.

즐거운 독서 퀴즈

1 댐 건설 이야기를 나누다가 선생님은 다음과 같이 프로메테우스 이야기를 들려줘요. 여기서 '불'과 '고통'은 무엇을 의미하나요?

불 : _____
고통 : _____

"프로메테우스는 자신이 만든 인간이 너무나 나약하다고 생각했어. 그래서 제우스 몰래 불을 훔쳐다가 인간에게 준단다. 오늘날 인간이 다른 종들을 제치고 문명을 일으키고 또 이렇게 눈부시게 발전한 계기도 바로 불이 있었기 때문이야."

"제우스는 불을 인간에게 주었다는 이유로 프로메테우스에게 형벌을 내려. 코카서스 산의 바위에 쇠사슬로 묶여 독수리에게 간을 쪼여 먹히는 벌이지. 단순히 거기에서 끝나지 않았어. 낮에는 독수리에게 간을 쪼여 먹히고, 밤이면 간이 원래대로 회복되어서 낮에 또 간을 쪼이는 고통을 반복해서 당하게 된 거지."

정답

불: 과학과 기술
고통: 과학과 기술이 초래한 자연 파괴

2 한스 요나스는 인간의 자연 지배는 인간을 언제라도 파멸시킬 수 있다고 경고해요. 인간이 자연을 지배한 수단은 무엇일까요? (   )

❶ 행복　　❷ 법　　❸ 최고선　　❹ 과학 기술

3 선생님이 소율이에게 한스 요나스의 생태 철학을 들려주고 있어요. 괄호 안에 들어갈 철학 개념을 써 보세요.

> "결국 인간의 (   )은 과학 기술을 성장시켰으나 자연, 동물 등 여러 종을 망라해서 위협을 가하게 된 것이 지금 이 시대의 현실이지."
> "그렇지만 인간이 살기 위해서는 어쩔 수 없는 일 아니에요?"
> "인간이 (   )을 갖는 건 당연한 일이지만, 그 당연한 권리엔 윤리적 책임이 따른단다."

정답

2 ❹ 과학 기술
3 지니 능력

지금 우리에게 절실한 것은 높은 이상을 그려 내는 일이 아니라,
무엇을 예방해야 하며 무엇을 유지해야 하느냐이다.
— 한스 요나스

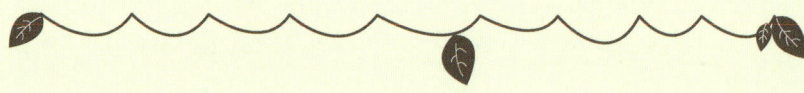

진아네 반 아이들도 댐 건설을 놓고
열띤 토론을 벌인다. 소율이는 찬성, 진아는 반대!
마을에 일자리도 생기고 더 발전할 거라나?
그럼, 없어지는 우리 마을은?
새와 고라니, 물고기와 숲은 어디에서 살지?
선생님은 '인간은 자연에 대해 책임이 있다.'고 말씀하신다.
그것이 바로 '책임의 원칙'.

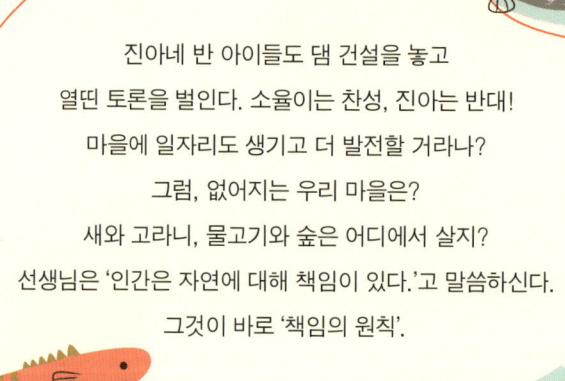

양심을 속인 감나무

"이게 무슨 짓이야?"

진아 아빠는 몹시 흥분했습니다.

"이렇게라도 해야 살 거 아닙니까!"

홍씨 아저씨는 감나무를 심기 위해 구덩이를 팠습니다. 진아 아빠는 홍씨 아저씨의 삽을 뺏으려 했으나 홍씨 아저씨는 완강하게 버텼습니다.

"이런 식으로는 안 돼. 우리가 좀 더 힘을 모아 반대해야 한다고. 보상금에 합의하면 댐이 건설되고 우리 마을은 흔적도 없이 사라져. 사라지기만 해? 홍씨가 좋아하는 흰배지빠귀 소리도 못 듣게 돼."

진아 아빠의 말에 홍씨 아저씨가 털썩 주저앉았습니다.

"난들, 이 마을을 떠나고 싶겠어요? 그러나 우리가 아무리 댐 건설을 반대한들 씨나 먹히냐고요? 다 소용없어요. 아무리 발버둥쳐 봐야 정부의 정책엔 어쩔 수 없다고요. 이제 우리는 거미줄에 걸린 나방 신세예요."

홍씨 아저씨는 마흔이 넘은 노총각입니다. 아저씨는 여름 철새인 흰배지빠귀 소리를 좋아합니다. 처량한 울음소리가 자신의 마음을 달래 주는 것 같다면서 마치 그 새를 그리운 사람을 대하듯 했습니다. 우리 마을에 해마다 찾아오는 흰배지빠귀를 홍씨 아저씨는 떠날 수 없다고 했습니다. 그래서 댐 건설 반대에도 앞장섰고요. 그렇지만 환경평가위원회가 다녀간 후로 홍씨 아저씨는 댐 건설 반대를 해 봤자 소용이 없다며 대책을 세워야 한다고 했습니다. 그 대책은 다름 아닌 보상금이었습니다. 보상금을 더 많이 받기 위해 홍씨 아저씨는 자신의 감나무 밭에 감나무를 심기 시작했습니다.

"이건 감나무가 아니라 양심을 속이는 썩은 나무야!"

진아 아빠가 소리쳤습니다.

"양심을 속이면 어때요? 고향도 잃게 되고 생업도 잃게

되고 다 잃을 텐데!"

홍씨 아저씨도 질세라 크게 고함을 질렀습니다. 홍씨 아저씨는 어차피 댐이 건설되어 쫓겨날 신세라면 보상금을 많이 받아야 한다며 한 뼘마다 감나무를 심었습니다.

원래 과일이 열리는 나무는 띄엄띄엄 넓게 심어야 합니다. 햇볕도 많이 받고 양분도 충분히 흡수할 수 있도록 말이지요. 그래야 나무가 튼튼하고 달콤한 열매를 맺을 수 있습니다. 그러나 보상금은 과실수의 그루만큼 계산해서 수확량을 예측하고 보상해 주기 때문에 일단은 과실수가 많아야 이익이었습니다. 그래서 홍씨 아저씨는 보상금을 많이 받으려고 농사꾼의 양심을 속이고 한 뼘마다 감나무를 심고 있는 것입니다.

"우리가 이렇게 흩어지면 안 돼. 홍씨, 마음을 바꿔. 이렇게 자신의 양심을 속여서 보상금을 조금 더 받는 것은 아무 의미가 없어. 이러지 말고 우리 마을 사람들이 모두 댐 건설 반대 서명을 하고 군청으로 갑시다. 한 사람이라도 포기하면 진짜로 우리 마을이 사라지고 말 거야. 어서!"

진아 아빠는 홍씨 아저씨의 팔을 잡아끌었습니다.

"됐어요! 그만둬요. 진아 아버지도 괜한 낭만에 젖어 고향을 지키겠다고 애쓰지 말아요. 이미 다 결정된 일이라고요. 환경평가위원회가 왜 왔겠어요? 이미 댐 건설이 결정된 상황이니 우리 마을에 온 거 아니에요?"

"아니, 아니야. 우리가 좀 더 우리 마을에 대해 알려 줘야 해. 군청에도 항의하고 언론에도 알리고, 환경단체의 도움도 받고. 적극적으로 대처해 보자고. 우리 마을에 댐이 건설되는 것은 단순히 고향을 잃는 것만은 아니잖아. 우리 마을은 환경적으로 보존할 가치가 충분히 있어. 철새도 찾아오고 많은 야생화와 약초가 나는 곳이잖아. 댐 건설로 얻는 것보다 잃는 것이 많다는 점을 알리면, 우리 마을을 지킬 수 있을 거야."

홍씨 아저씨는 진아 아빠의 말에 한숨을 내쉬었습니다.

"그러니까 이런 짓 그만둬. 우리가 언제 양심 팔아먹고 살았어? 땅이 주는 대로 성실하게 일하면서 살아왔잖아. 한 사람이라도 우리 마을을 포기해서는 안 돼. 홍씨!"

아빠는 홍씨 아저씨의 손을 덥석 잡았습니다. 홍씨 아저씨는 새로 구입해 온 어린 감나무 묘목을 바라보았습니다.

"난, 멀리 못 가."

그때 얌얌 할머니가 허리를 꼬부리고 걸어오셨습니다.

허리가 굽어 등이 낙타처럼 솟아오른 얌얌 할머니가 지팡이를 탕탕 두들기셨습니다.

"난 멀리 못 가니 저 위로 이사 갈라네. 얌얌."

얌얌 할머니는 이가 모두 빠졌습니다. 그래서 입을 다물면 무언가를 오물거리는 모양이 됩니다. '음' 하고 말을 되새기시는 것일 텐데 우리가 듣기엔 '얌얌' 소리로 들립니다. 그래서 얌얌 할머니가 되었습니다. 얌얌 할머니는 할머니만큼 나이가 든 딸과 단둘이 사시는데 가끔 정신이 오락가락하십니다.

"할머니, 이사 안 가셔도 돼요. 그냥 지금 사시는 대로 사시면 된다구요."

진아 아빠는 얌얌 할머니에게 큰 소리로 또박또박 말씀하셨습니다.

"댐이 만들어지면 다 이사 가야 한다며? 난 멀리 못 가. 얌얌. 난 저기 산으로 올라가 살 거야. 산은 높으니까 물속에 가라앉진 않겠지? 산은 그냥 내버려 두겠지, 뭐. 산에다 댐을 만들라나? 그럼 냇가로 이사 가지. 얌얌."

얌얌 할머니의 말씀은 얼토당토않습니다.

"아니에요, 할머니! 우리 마을에 댐은 안 만들어져요. 할머니 그냥 지금처럼 편안하게 사시면 돼요."

진아 아빠는 진땀이 다 났습니다.

"내가 뭐, 귀먹었는지 아나? 다들 댐 만들어진다고 난리들인데? 그래도 난 허리가 꼬부라져 멀리는 이사 못 가. 죽은 우리 영감이 나보고 다른 마을로 시집가면 귀신 돼서 쫓아온다고 했어. 난 여기서 살 거야. 얌얌. 우리 집 물에 잠기면 산으로 올라가서 살아야지, 뭐. 산에다 댐을 만들라나? 그럼 냇가로 이사 가지, 얌얌."

얌얌 할머니는 같은 말을 중얼거리셨습니다. 그러더니 감나무를 보고 지팡이를 탕탕 두들기셨습니다.

"나무 심을 줄도 모르나? 누가 이렇게 구덩이를 파 놨어? 여기가 감자 밭인가, 감나무 밭인가? 에구구……."

얌얌 할머니는 허리를 펴고 하늘을 올려다보았습니다.

"비가 올 것 같아, 얌얌."

얌얌 할머니의 말씀에 진아 아빠와 홍씨 아저씨가 하늘을 올려다보았습니다. 하늘은 맑았습니다.

"난 이사 안 가. 얌얌."

할머니는 다시 허리를 꼬부리고 길을 가셨습니다. 진아 아빠는 그런 할머니를 안쓰러운 듯 바라보셨습니다.

"홍씨, 저 할머니가 돌아가시면 산에 묻어 드릴 거야? 아니면 냇가에 묻어 드릴 거야?"

진아 아빠는 한숨을 쉬며 말씀하셨습니다. 홍씨 아저씨는 들고 있던 삽을 멀리 던졌습니다.

풀리지 않는 문제

"어쨌든, 우리나라는 물 부족 국가야. 물이 부족하면 인간은 물론이고 자연도 살 수가 없어. 댐 건설은 물을 공급해 주는 가장 근본적인 방법이야."

소율이의 말에 아이들이 고개를 끄덕였습니다.

"그렇지만 댐이 건설되면 우리 마을은 물에 잠기고 말 거야."

진아는 소율이의 말을 맞받아쳤습니다.

"우리 마을만 보지 말고 나라 전체의 이익을 생각해야 하지 않겠니? 우리 마을을 지키겠다는 이유로 댐 건설을 반대한다고 해도, 결국 물이 부족해서 우리가 살 수 없게 된다는 사실을 알아야 해."

소율이는 자기주장이 뚜렷했습니다. 얌전하고 말수가 적은 혜민이가 조심스럽게 말했습니다.

"고향을 잃는다는 문제뿐만 아니라 일자리가 없어지는 우리 부모님들은 어떡해? 보상도 제대로 받지 못하고 다른 도시에 가 봤자 빈곤층이 된대."

"그냥 쫓겨나는 것도 아니고 보상을 해 주는데 뭘."

"평당 몇만 원에 고향을 팔고, 우리 마을의 정을 팔고, 자연을 팔고, 추억을 팔 수 있겠니? 돈으로 바꿀 수 없는 것들은 어떻게 보상받을 수 있는데?"

"꼭 농사를 지어야 사니? 다른 걸 하면 되지. 산이 있고 물이 있는 곳에는 사람이 모이기 마련이야. 관광 자원으로 개발하면 되지 뭐. 사람이 모이면 돈을 쓰게 되어 있어. 지금처럼 조용한 마을이 아니라 사람들이 몰려와서 떠들썩하고 신나는 마을이 될걸."

"그렇게 사람들이 모이면 좋은 걸까? 난 우리 마을이 다른 지방 사람들 때문에 시끌벅적한 건 싫어."

"왜 싫어? 새로운 사람들도 만나고 좋지!"

"그렇게 사람이 모이면 환경이 오염되잖아. 유명한 관광지는 사람들이 버린 쓰레기로 환경이 오염된다고 하던데?"

"그거야 관리하기 나름 아니겠어? 관리만 잘 하면……. 그래! 관리하는 사람도 필요할 테니 일자리도 생기겠네 뭘."

"그런 단순한 문제뿐만이 아니야. 고여 있는 물은 썩게 마련이야. 호수의 바닥엔 나쁜 물질이 가라앉아 생물체가 모두 죽고, 결국 생태계가 무너진다고 하던데?"

"너는 왜 그런 부정적인 것만 생각하니? 좋은 쪽으로 생각해 봐. 전기 없이 살 수 있어? 수력 발전을 이용해 전기를 생산하면 에너지도 만들 수 있고 좋잖아? 수력 발전은 공해도 생기지 않고 말이야."

"그뿐이겠어? 홍수 피해도 줄일 수 있잖아. 우리나라는 집중 호우로 홍수 피해가 많잖아. 특히 우리 마을처럼 농사를 짓는 농촌에서는 홍수 피해가 아주 심각하다고."

"맞아!"

"지난번 홍수 때 우리 집에서 키우던 돼지들이 모두 병에 걸렸어. 물에 떠내려가는 피해 말고도 병충해나 전염병의 피해도 만만치 않아."

"바로 그거야. 홍수 때문에 일어날 수 있는 그런 문제들은 불어난 물로 댐이 넘치면 똑같이 생길 수 있는 문제야.

고여 있는 물이 수질을 오염시킬 수도 있고. 댐이 홍수를 조절한다고 하지만 그 기능을 제대로 하지 못했을 때의 피해는 정말 어마어마하게 크다는 걸 생각해야 해."

"정말 더 심각한 문제인걸."

"맞아, 결국 큰 문제는 댐 건설이 바로 환경을 파괴할 수밖에 없다는 데 있어. 우리 마을의 아름다운 자연은 물속에 가라앉고, 우리 마을의 산과 냇가를 찾는 철새와 물고기도 고향을 잃게 돼."

"그래, 댐이 건설되면 주변이 습해서 농사를 지어도 고추랑 감나무가 탄저병에 걸리기 쉽고, 그것은 사람의 생명을 위협하기도 한다는 말을 들었어. 그뿐만 아니야. 댐이 건설되면 우리만 이사하면 되는 게 아니야. 마을의 동식물들은 생명을 잃고 사라지게 돼."

"……."

"……."

아이들은 댐 건설에 대해 찬반으로 나뉘어 열띤 토론을 벌였습니다. 서로 대립하는 입장을 밝혔지만 그렇다고 무엇이 더 좋은 방법인지는 몰랐습니다. 찬성과 반대 의견 모두 맞는 말이었습니다. 토론이 계속될수록 헛갈리기만 하고 문제는 풀리지 않았습니다.

"물도 하나의 자연이니까 댐 역시……."

"인위적인 자연이지. 충분히 문제점을 헤아려 보지 않은 댐 건설은 반대야."

진아는 단호하게 말했습니다. 아이들의 의견은 분분했습니다. 옳고 그름을 떠나 무엇이 우리에게 더 중요한 것인지 생각해 볼 문제였습니다.

"오호! 그야말로 21세기는 환경이 문제로다!"

천수가 책상을 '탁' 치며 말했습니다. 갑자기 도인처럼 무게를 잡는 천수 때문에 심각해졌던 교실 분위기가 한바탕 웃음바다가 되었습니다.

"야! 오천수 왜 저래? 우리 반 도사 납시었다. 히히."

용진이의 말에 천수가 다시 한번 책상을 꽝 쳤습니다.

"어허! 어른이 말씀하시는데! 그야말로 이 시대는 환경이 문제라는데 뭘 못 알아들으시네. 우리 마을의 댐 건설 문제도 역시나 환경이 문제고, 지금 떠들썩한 태안 기름 유출 사건도 환경이 문제고 말야."

"맞아, 요즘 뉴스에 온통 그 얘기뿐이더라."

"나도 봤어. 기름이 바닷가로 둥둥 떠내려와서 모든 생물이 죽어 가고 있대."

"양식장 물고기들이 하얀 배를 뒤집고 죽어서 둥둥 떠 있는 거 봤어? 끔찍하더라."

"그 기름을 완전히 제거하는 데만도 2년은 지나야 하는데, 죽어 버린 생물들이 다시 생태계를 유지하려면 수년이 걸린다고 하더라."

"그러게. 그래서 그 마을 사람들은 다 죽을 맛이래. 원래 태안반도는 아름다운 관광 도시라 사람들이 많이 찾는 곳인데 발길도 뚝 끊겼고……."

"그건 아냐. 오히려 사람들이 줄을 잇는다고 하던데? 기름띠 제거하는 봉사를 하려고 말야."

"넌, 왜 말을 못 알아듣니? 나는 관광객에 대해 말한 거야. 쟤는 삼천포로 잘 빠진다니까! 어쨌든 사람들이 찾아오지도 않을뿐더러 오염된 해산물에 대한 불신으로 어업에 종사하는 사람들은 모두 생계가 막막해졌대."

"하기야 바닷물이 '기름 좀 없애 주시오.' 하고 가만히 있는 것도 아니고 밀려갔다 밀려오고 계속해서 흐르니……. 그건 그렇고, 나라도 해산물은 안 먹겠다."

"그래, 너 같은 사람 때문에 멀쩡한 어민들이 살 수가 없

는 거라고."

"야! 너 지금 뭐라고 했어. 난 그냥······."

"그게 문제가 아니잖아. 어쨌든, 그러니까 환경, 그래 환경이 문제라는 거 아니야."

이번엔 아이들이 태안 기름 유출 사건으로 토론을 벌였습니다. 우리 마을 댐 건설 문제만큼이나 심각한 문제였습니다. 모두 환경 때문에 생긴 문제였지요.

"거봐, 환경! 환경을 생각해야 한단 말이야. 유조선이 충돌해서 생긴 그 사건도 잘 생각해 봐. 인간이 편리를 위해 배를 만들어서 생긴 일 아니야?"

진아가 말했습니다.

"그래도 배가 없으면 사람이 살 수 없잖아. 수출, 무역, 운송, 이런 걸 다 배가 한단 말야."

소율이도 지지 않고 말했습니다.

"그러니까 부주의! 인간의 이기가 부른 부주의가 문제인데, 우리 마을 댐 건설도 다시 생각해 봐야 할 문제라고. 댐 건설에 앞서 환경을 생각하고, 자연을 훼손시키지 않도록 책임을 갖고······. 그래 책임! 자연을 잘 보존해야 할 책임이 있는 거라고. 우리가 살 수 있는 것은 모두 자연 덕분이니까 말야. 인간도 자연의 일부 아니겠어!"

진아는 저도 모르게 흥분했습니다.

"우와! 그 말 멋지다. 자연의 일부인 인간은 자연을 책임져야 한다!"

천수가 박수를 보내자 진아의 얼굴이 빨개졌습니다.

그때 갑자기 교실이 조용해졌습니다. 수업종이 울리고 선생님이 들어오신 줄도 모르고 떠들던 아이들이 일제히 입을 꾹 다물고 있었습니다.

"내가 들어오는지도 모르고 열띤 토론을 벌이고 있더구나. 그래, 인간이 자연을 책임져야 한다……. 그런 얘기를 하고 있었던 것 같은데, 어디 좀 더 들어 볼까?"

우리가 신을 도와야 한다

"태안반도 기름 유출 사건으로 환경 오염이 얼마나 우리에게 큰 피해를 주는지 알게 되었어요. 생각해 보니 그건 모두 인간이 과학 기술을 발전시키려다 저지른 끔찍한 일이었어요. 더 이상 그대로 두어선 안 되겠다는 생각이 들어요. 지구가 점점 따뜻해지고 있잖아요. 이미 환경이 위협을 받고 있다는 사실은 너무나 잘 알려져 있잖아요?"

진아는 너무 거창하게 말하지 않았나 싶었지만, 그것이 우리의 현실이라고 생각했습니다.

"맞아요. 진아 말대로 인간이 자연과 함께 살아가야 하는데 자연에 대해 우리는 너무…… 그러니까 무지막지하게…… 다시 말해서, 함부로…… ."

천수가 말을 잇지 못하고 횡설수설했습니다.

"권력! 그래요! 인간의 권력으로 자연을 지배하려고만 했어요!"

진아의 말에 아이들이 "우와" 하고 함성을 내질렀습니다.

"프로메테우스의 권력처럼?"

소율이가 말했습니다.

"엥? 프로메테우스는 또 뭐야?"

용진이가 눈을 동그랗게 떴습니다.

"그러니까 불을 가져다준 프로메테우스 덕분에 근대 과학 기술은 권력을 낳았어. 하지만 그 권력이 오히려 인간에게 위협으로 작용한다는 거지."

소율이가 어려운 말로 설명을 하자 아이들이 "우" 하면서 비아냥거렸습니다. 아이들은 소율이가 똑똑하다는 건 모두 알고 있었지만, 때때로 잘난 척을 하는 것이 못마땅했습니다. 그래서 종종 어려운 말을 하면 알아듣지 못하는 말에 비아냥거리곤 했습니다. 그러나 진아는 소율이의 말을 알아들었습니다. 그것은 선생님, 소율이와 함께 이야기했던 것이니까요. 선생님도 그 일이 생각나셨는지 진아와 소율이를 번갈아 보시며 미소를 지었습니다.

"소율이의 설명이 어렵긴 했지만 맞는 말이란다. 과학 기술이 발전하면서 우리는 알지 못했던 거대한 힘을 얻고 마침내 유토피아에서 살 수 있다고 생각했지. 하지만 지금은 정반대로 위협을 받고 있어."

"유토피아라…… 오늘따라 머리가 자꾸 아프네?"

용진이가 너스레를 떨었습니다.

"당연히 네 머리가 아프겠지. 넌 어려운 말만 들으면 머리가 작동을 멈추잖아, 크크."

천수가 재미있다는 듯 웃자 용진이가 천수에게 주먹을 쥐어 보였습니다. 아이들이 그 모습을 보며 "어휴, 못 말려!" 하면서 쯧쯧 혀를 찼습니다. 그러다가 곧 선생님의 말씀에 집중했습니다.

"과학 기술 때문에 우리가 꿈꾸어 왔던 유토피아 대신 환경은 파괴되고 생명을 유지하기 힘든 지경에까지 이르게 된 것이지. 멸종 위기에 처한 동식물들이 늘어나고 자연의 이상 기후들이 여기저기서 나타나고 있어. 이걸 보면서 너희들도 환경의 심각성에 대해 많은 걸 느끼고 있겠지?"

"네."

선생님의 말씀에 아이들이 공감했습니다. 태안반도 기름 유출 사건으로 바다 생태계가 죽어 간다는 사실을 제쳐 두고서라도 이미 지구의 환경이 나빠지고 있다는 사실은 뉴스를 통해 날마다 듣는 이야기였습니다.

뿐만 아니라 우리 생활에서도 환경 문제는 실감할 수 있습니다. 어른들이 어린 시절에 보았다는 꽃과 나무, 풀과 곤충, 새와 동물들은 이제 주변에서 찾아보기 힘듭니다. 식물도감이나 동물도감을 통해 관찰하는 경우만 해도 그렇고 여름과 겨울의 기후 변화만 해도 그렇습니다. 여름은 지나치게 덥고 겨울엔 갑자기 폭설이 내리기도 합니다. 또 아토피를 앓는 친구들도 생겼고요.

"우리는 자연을 떠나서는 살 수 없다는 사실, 모두 알고 있겠지? 우리가 숨을 쉬고 땅에 발을 딛고 사는 한 말야."

"네."

아이들이 제비처럼 입을 모아 합창했습니다.

"맞아요. 인간은 자연 없이는 살 수가 없어요. 그러나 반대로 자연은 인간 없이도 살 수가 있죠."

천수의 말에 아이들이 감탄했습니다. 반대로 생각해 보

니 정말 마음에 꼭 와 닿았습니다.

"천수의 말처럼 그런 사실을 생각해 보면 정말 위기에 처한 것은 자연이 아니라 인간이라는 사실을 알 수 있어요."

진아가 목소리에 힘을 주어 말했습니다. 아이들은 물론 선생님도 놀라워하는 눈치였습니다. 진아는 왠지 마음이 뿌듯했습니다.

"그래, 너희들 말이 옳다. 그렇기 때문에 자연을 지키고 보존하는 것은 인간의 책임이라는 거야. 그것이 인간이 생명을 보존하고자 하는 자기 목적을 근본적으로 달성할 수 있는 일이지."

선생님의 설명에 소율이도 조금 수그러들었습니다.

"선생님 말씀을 듣고 보니 정말 그렇군요. 저는 댐 건설의 좋은 점만 생각했어요. 과학 기술이 발전해서 오늘보다는 내일이 더 편리해지고 발전할 수 있다는 생각만 했거든요. 그렇지만 생각해 보니 자연이 없으면 그 모든 것이 다 소용없을 것 같아요. 그렇게 따지면 댐 건설이 무조건 좋은 건 아니네요."

선생님이 흐뭇한 미소를 지으셨습니다.

"'우리가 신을 도와야 한다.'라는 말이 있단다."

선생님의 말씀에 천수가 나섰습니다.

"우와! 그 말 멋있다. 신이 인간을 돕는 것이 아니라 인간이 신을 도와야 한다? 뭔지는 잘 모르지만 아까 제가 반대로 생각했던 말과 같은 거죠? 그렇죠? 그건 또 누가 한 말이에요?"

"한스 요나스!"

선생님의 말씀에 천수가 머리를 긁적였습니다.

"한스 요나스? 그 사람은 또 누구야?"

"독일의 철학자!"

진아와 소율이가 동시에 말하자, 아이들은 의아한 눈빛으로 쳐다보았고 선생님은 미소를 지으셨습니다.

"인간은 모든 자연보다도 우월해. 그래서 더 많은 자유를 누리며 살고 있지. 한스 요나스의 말은 '신이 우리에게 부여한 자유를 지키기 위해서라도 우리가 자연을 지켜야 한다.'는 거야. 자연을 보호하고 지키는 것이 우리의 자유를 지키는 것이고, 그것이 바로 우리에게 자유를 준 신을 돕는 것이란다."

"아하!"

아이들이 탄성을 내질렀습니다.

"인간은 자유를 위해 자연을 보호해야 할 책임이 있다!"

천수가 도인처럼 말하는 바람에 교실은 또 한바탕 웃음바다가 되었습니다.

네 생각은 어때?

한스 요나스는 자연을 지키고 보존하는 것이 '인간의 책임'이자, 인간이 자기를 보존하고자 하는 '자기 목적'을 실현하는 것이라고 말해요. 한스 요나스의 '책임의 원칙'을 지키기 위해 우리가 자연에게 할 수 있는 일들에는 무엇이 있을까요? 자신의 생각을 자유롭게 말해 보세요.

▶풀이는 183쪽에

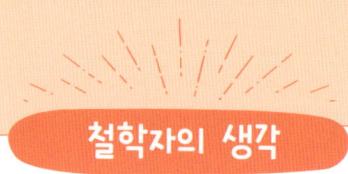

인간이 실천해야 할 책임

자연을 보존하는 것은 도덕적 의무

　한스 요나스는 책임의 개념을 두 가지로 구분해요. "네가 바닥에 물을 흘렸으면 네가 닦아!" 이걸 다르게 표현하면 "네가 한 행동의 결과에 대해서는 네가 책임을 져라!"입니다. 여기서 책임이란 우리가 한 행동에 대한 원인과 결과를 반성하고 짐을 지라는 말이에요. 그런데 한스 요나스의 '책임'은 이미 행동한 원인과 결과에 따른 책임만을 뜻하지 않아요. 앞으로 계속 '행위'해야 할 것에 대한 책임까지도 포함된답니다.

　행위해야 할 것에 대한 책임은 앞으로 행위를 해야 할 사람이 주체가 되어 도덕적으로 책임을 져야 한다는 말이에요. 인간과 자연의 관계는 어떤가요? 인간은 자연을 도구로 사용하고 지배하는 행동을 하고 있어요. 하지만 행동에서 끝나는 것이 아니라 앞으로 자연에게 행동할 행위에 대한 책임도 함께 져야 해요.

인간은 자연을 위험에 빠뜨리고 있기 때문에 자연에 대해 책임을 져야 할 의무를 갖고 있어요. 책임은 모든 자연 생태에 대해 나뿐만 아니라 모두를 위해 도덕적 의무를 져야 한다는 것을 뜻해요. 엄청난 기술 발전으로 세계가 네트워크로 연결되면서 인간의 욕구는 점점 커지고 있어요. 인간의 욕구는 자연 환경에 위협이 되고 있죠. 그러니 우리 지구촌의 환경 생태에 책임을 져야 해요.

한스 요나스는 우리가 자연 환경을 책임지고 배려하려면 사람들의 생각이 크게 변해야 한다고 말합니다. 한스 요나스는 책임의 종류를 다양하게 나누었는데요, 어떤 책임들이 있는지 알아볼까요?

책임의 종류
상호 간의 책임과 일방적 책임

가끔 뉴스에서 에베레스트산을 오르다가 목숨을 잃거나 가까스로 구조되는 장면을 본 적 있나요? 험한 산을 여러 명과 오르는 일은 위험한 행동입니다. 하지만 위험에도 불구하고 사람들이 산을 오를 수 있는 건 서로가 서로를 신뢰하고 보호해 준다는 믿음이 있기 때문이에요. 산을 오르는 모든 사람은 자신의 안전을 위해 다른 사람을 신뢰하고 서로의 보호자가 되죠. 이럴 때 우리는 '상호 간의 책임'을 갖고 있다고 말해요. 공동체 사회에서 형성되는 안전, 복지, 질서 등도 서로 주고받는 상호 간의 책임이에요.

'일방적인 책임'은 수직적인 관계에 있는 부모와 자식 간에 존재해요. 부모와 자식은 서로 특별한 혜택을 주고받는 관계가 아니지요. 자식이 존재하는 한 부모는 자식에 대해 희생을 감수하며 임시적인 것이 아닌 지속적인 책임을 지지요.

자연적 책임과 계약에 의한 책임

부모의 책임처럼 '자연적 책임'은 미리 동의를 구하는 것이 아니라 자연적으로 부여되는 무조건적, 영속적인 책임이에요. 이 책임은 인간 사회 어디에서나 항구적으로 존재하고 취소할 수 없어요.

'계약에 의한 책임'은 다른 사람에게 일을 주고 맡김으로서 생기는 책임이에요. 예를 들어 어떤 직책을 맡으면, 해야 하는 일에 따라 져야 하는 책임이 달라져요.

스스로 선택한 정치인의 책임

'정치인의 책임'은 나라를 다스리는 일을 하기 때문에 중요하고, 또 많은 책임이 부여된다는 특징이 있어요. 대신 명예와 권력이 주어지죠. 명망, 명성, 영향력 등 세상에 자신의 흔적을 크게 남기고자 정치인들은 책임을 받아들여요. 권력을 좇는 정치인의 속마음에는 명예를 얻고자 하는 욕구가 깊이 숨겨져 있지요.

정치인에게 명예욕이 있다고 하더라도 흠잡을 일은 아니에요. 다만 정치인의 명예는 사사로운 이익이 아닌 공동의 이익을 위해 책임을 다할 때 주어지죠. 정치인은 모든 시민이 누려야 할 국가와 사회의 이익을 위해 권력을 행사할 때 그 명예를 누릴 수 있어요.

특정한 책임과 총체적 책임

특정한 책임은 개인의 특정한 일과 특정한 시기에 부여되는 책임이에요. 예를 들어 승객을 위한 선장의 책임, 의사의 진료 행위 등이 있지요. 총체적인 책임은 행동 이후에 무엇이 일어날 것이며, 어디로 이르게 될 것인가 등을 묻는 역사적인 것을 말해요.

즐거운 독서 퀴즈

1 다음 토론 내용을 보면서 한스 요나스의 철학과 상통하는 말에 ○, 상통하지 않는 말에 × 표시를 해 보세요.

> "전기 없이 살 수 있어? 수력 발전을 돌려 전기를 만들 수 있어. 수력 발전은 공해도 생기지 않아. 그뿐 아니라 홍수 피해도 줄일 수 있잖아. 우리 마을처럼 농사를 짓는 농촌에서는 홍수가 나면 농작물 피해가 심각하잖아!"
>
> "하지만 댐 건설에 앞서 자연 환경을 생각해야 해. 동식물이 살아갈 터전이 사라지잖아. 자연을 훼손시키지 않고 보존해야 할 책임이 우리에게 있다고. 우리가 생존할 수 있는 것은 모두 자연 덕분이니까. 인간도 자연의 일부야!"

❶ 댐 건설은 강과 산의 자연 생태를 변화시키고 훼손하는 일이므로 환경 윤리 의식을 가지고 신중하게 결정해야 한다. (   )

❷ 댐을 건설하면 홍수가 났을 때 농작물의 피해를 줄일 수 있어 인간에게 이로운 선택이다. (   )

❸ 수력 발전소를 건설하면 산과 계곡을 파괴하긴 하지만 공해가 생기지 않으므로 친환경적이다. (   )

정답

× ❸
× ❷
○ ❶

2 다음은 한스 요나스가 구분한 책임의 종류예요. 책임 항목과 그에 맞는 설명을 서로 연결해 보세요.

상호 간의 책임 ❶   　　　ⓐ 책임의 대상에 대해 무조건적, 영속적으로 지게 되는 책임의 원형

자연적 책임 ❷   　　　ⓑ 의사의 진료 행위, 승객을 위한 선장의 책임 등 특정한 개인에게 특정하게 부여되는 책임

스스로 선택한 책임 ❸   　　　ⓒ 대통령, 정치인 등이 권력이나 명예를 얻기 위해 선택한 책임

특정한 책임 ❹   　　　ⓓ 상호 믿음을 바탕으로 안전, 복지, 질서 등 서로 주고받는 공동체적 책임

정답

❹ - ⓑ
❸ - ⓒ
❷ - ⓐ
❶ - ⓓ

과거와는 다르게 이미 변화 과정을 겪은
인간 행위의 본질에 변화를 가져와야 한다.
— 한스 요나스

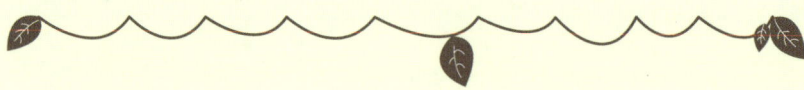

3 공포의 발견술

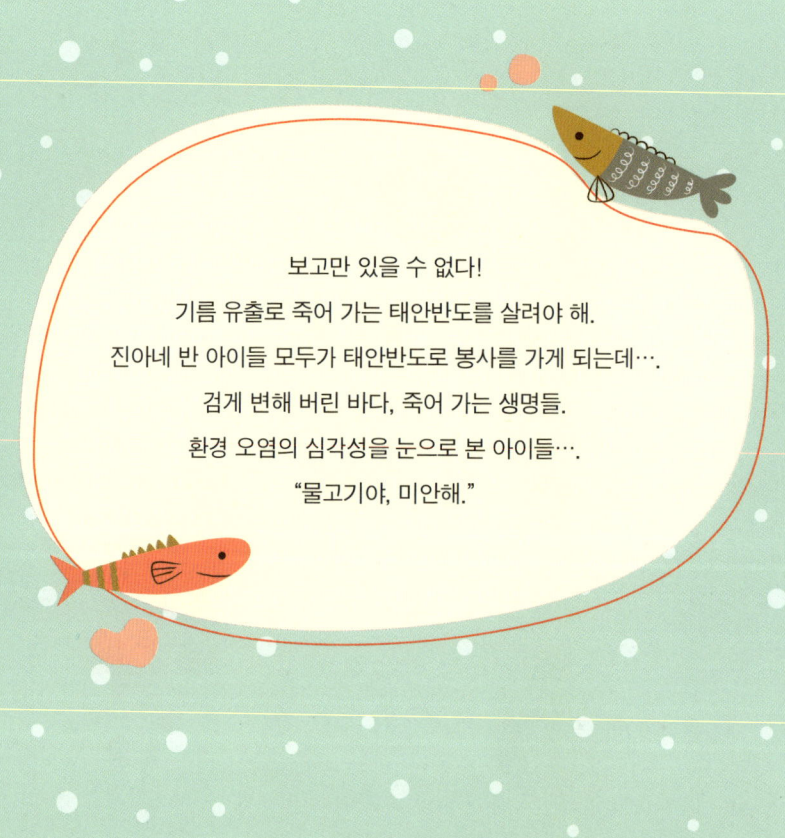

보고만 있을 수 없다!
기름 유출로 죽어 가는 태안반도를 살려야 해.
진아네 반 아이들 모두가 태안반도로 봉사를 가게 되는데….
검게 변해 버린 바다, 죽어 가는 생명들.
환경 오염의 심각성을 눈으로 본 아이들….
"물고기야, 미안해."

유토피아의 환상

"우리도 뭔가 대책을 세워야 하는 거 아니에요?"

진아네 가족은 저녁 식사를 마치고 텔레비전 앞에 모여 뉴스를 보고 있었습니다. 텔레비전 속의 태안반도는 기름 유출 사건 이후, 전국 각지에서 기름을 제거하기 위해 몰려온 사람들로 붐볐습니다. 환경 오염의 심각성에 대해 절실히 깨닫게 된 봉사자들은 바위에 묻은 기름때를 천으로 정성껏 닦았습니다.

진아네 가족은 뉴스에 쏙 빠져 쯧쯧 혀를 차기도 하고, 봉사자들의 단합된 힘에 감탄을 쏟아 내기도 했습니다. 그런데 갑작스러운 엄마의 말에 진아와 진수, 아빠는 눈을 동

그렇게 떴습니다.

"갑자기 그게 무슨 말이야?"

아빠가 다시 한번 물었습니다.

"이대로 앉아 있다가 쫓겨나듯 이사할 수는 없잖아요? 우리도 뭔가 대책을 세워야지."

진아는 엄마가 댐 문제를 말씀하신다는 것을 알 수 있었습니다.

"그러니까 그게 무슨 말이냐고? 무슨 대책을 어떻게 세워? 지금 우리가 댐 건설 반대 운동을 하고 있는데!"

아빠는 답답하신 듯 언성을 높이셨습니다.

"그게 무슨 대책이에요? 댐 건설 반대하는 건 우리 입장이지만, 어쨌든 시간이 지나면 댐은 건설될 테고 우리는 이사를 가야 하지 않겠어요? 우리같이 힘없는 사람들이 아무리 우겨 봤자 그게 우리 마음대로 되냐고요. 그러니 우리도 대책을 세워야지요. 최대한 보상금을 많이 받을 수 있게 말이에요."

엄마는 흥분하신 모양이었습니다. 평소 때보다 목소리가 높아지셨습니다.

"그럼, 당신 말은 우리도 홍씨처럼 한 뼘마다 감나무를 심어야 한다는 말이야?"

아빠가 비꼬듯 말씀하셨습니다.

"할 수만 있다면 그렇게라도 해야지요. 당신만 바보처럼 군청으로 어디로 뛰어다니면서 야단이에요. 다들 보상금을 많이 받으려고 못 쓰는 돌밭에 고추를 심어 놓고 여기저기 새는 집을 수리하고 야단이랍니다. 왜 그러겠어요? 어차피 보상을 받게 된다면 한 푼이라도 더 받으려고 그러는 거지."

엄마의 목소리는 점점 더 크고 높아졌습니다. 이러다가 괜히 엄마 아빠의 부부싸움이 큰 싸움으로 번지는게 아닐까 걱정되었습니다.

"그뿐인 줄 아세요? 이젠 농사지어서 먹고살기 힘들다는 것쯤은 누구나 아는 사실이라고요. 벌써 최씨는 낚시터를 한다고 땅을 사 놓았고, 소 부잣집 이씨는 펜션 한다고 여기저기 알아보러 다닌다더군요. 화물 트럭을 운전하네, 공장에 다니네, 장사를 하네, 사람들은 뭐든지 새로운 일을 찾으려 궁리 중인데 당신만 태평하게 있다고요. 진아, 진수는 점점 커 가는데 가장이라는 당신은 어쩜 이렇게 태평해요?"

엄마는 눈물까지 글썽거리셨습니다. 아빠는 그런 엄마를 보고 한숨을 내쉬었습니다. 진아는 엄마의 말을 듣고 보니 문제가 심각하다는 생각이 들었습니다. 정말 댐이 만들어지면 이사를 가야 하는데 오갈 데 없이 길에 주저앉고 마는 건 아닐까요? 진아는 걱정스러운 눈빛으로 아빠를 쳐다보았습니다. 아빠의 얼굴에 그늘이 졌지만, 굳게 다문 입가엔 강한 의지가 엿보였습니다.

"불안한 당신 마음을 몰라서 하는 말이 아니야. 그렇지만 댐 건설을 반드시 막을 수 있어. 우리는 이곳을 떠나서 살 수 없어. 어디 가서 무엇을 하고 산다고 한들 이곳에서 사는 것보다 좋을 리도 없고. 우리가 이대로 우리의 이익만 챙겨 떠난다면, 우리는 자연이 망가지는 광경을 망연자실하게 쳐다볼 수밖에 없어. 저기 저 태안처럼 말이야."

아빠는 텔레비전을 가리키셨습니다.

기름을 뒤집어쓴 물새가 날지 못하고 날개만 파닥거리며 신음하고 있었습니다. 물고기들은 뒤집힌 하얀 배 주위에 집단으로 폐사했고, 조개들은 속이 텅 빈 채 쩍쩍 갈라져 있었습니다. 살아 숨 쉬던 갯벌은 그야말로 쓰레기장이 되고 말았습니다.

"우리가 보상금을 받고 새로운 일을 찾아 떠나면, 우리 마을은 흔적도 없이 물에 가라앉고, 철새와 아름다운 꽃들이 자라는 곳엔 포클레인이 지나가고, 거대한 댐이 들어설 거야. 주변의 모든 동물들도 죽거나 그곳을 떠나야 하고."

아빠의 이야기를 듣고 있던 진수가 끼어들며 슬그머니 말했습니다.

"그런데 아빠! 친구들은 댐이 만들어지는 게 다 우리를 위해서래요. 물이 부족하니까 물도 저장해 주고 홍수도 막아 주고 에너지도 만들어 주고……. 그 모든 게 과학 기술이 발전해서 그렇대요. 그러니 그건 좋은 거고, 우리가 더 잘살기 위한 거래요."

진수의 말에 진아는 놀랐습니다. 진수가 말한 것이 진아네 반에서 오랜 시간 동안 토론한 주제와 같았으니까요. 그동안 진수를 어리다고 놀렸는데 진수 역시 우리 마을에 댐이 건설되는 일로 여러 가지 생각이 많았나 봅니다. 그러니 친구들과 그런 이야기도 나눌 수 있었겠지요.

"진수야, 다른 쪽으로 생각해 봐. 그동안 우리가 과학 기술을 발전시킨다고 얼마나 많은 환경을 파괴해 왔니? 진수가 알다시피 가장 대표적인 예가 지구 온난화 같은 건데, 이미 그러한 기후 변화로 생태계는 위협을 받고 있단다."

"그건 물론 잘 알고 있죠. 벌써 빙하가 많이 녹아서 물에 가라앉은 땅도 많고 기온도 올라가고 그래서 멸종된 동물과 식물도 있고……. 엘니뇨 같은 현상 때문에 태풍이나 홍수도 많이 일어나고……. 그래서 댐도 필요하고……."

진수는 많은 정보를 알고 있는 것 같았지만 약간 횡설수설했습니다. 그러나 말의 핵심은 대체로 알아들을 수 있었습니다.

"그래서 댐이 건설되면 환경이 파괴되고 또 생태계가 무너져 그런 악순환이 계속되는 거지!"

아빠의 말씀에 말을 잇던 진수가 "그러네요?" 하면서 깜짝 놀랐습니다.

"아빠 말이 맞아요. 그러고 보니 댐 건설이 오히려 환경을 파괴하네요? 왜 친구들하고 말할 때는 그걸 몰랐지? 과학 기술이 발전해서 오히려 우리가 잘사는 줄만 알았는데? 어휴, 그걸 미리 알았으면 친구들한테 잘난 척할 수 있었는데……."

진아는 어이가 없어 웃고 말했습니다.

"산업이 발전하면서 우리는 진수가 말하는 대로 위기에 처하고 말았어. 그러니까 우리의 의식 속에 자리 잡은 '진보의 유토피아'를 버려야만 해."

"진보의 유토피아요?"

진아가 물었습니다.

"지금까지 우리는 과학 기술이 우리의 삶을 더욱 풍요롭게 발전시켜 유토피아를 만들 수 있을 거라는 환상에 빠져 있었단다. 그런데 지금의 현실은 어떠니? 과학 기술만 좇다 지구 온난화가 생태 변화를 일으켰고, 자연이 훼손되니까 인간마저 살기 어려운 환경으로 바뀌고 있지 않니?"

진아는 어제 선생님께 들었던 이야기를 떠올렸습니다.

"또 기술 발달로 의학도 발전했지. 하지만 새로운 병은 계속 생기고 있어. 그런 모든 것들이 바로 우리가 지금까지 만들어 놓았던 유토피아라는 환상의 결과란다."

"아는 것이 힘이라는데, 오히려 아는 것이 병이 되고 말았네요?"

"맞아!"

진수의 말에 아빠는 흐뭇하게 웃으셨습니다.

"베이컨은 '아는 것이 힘'이라는 철학을 펼쳤지. 인간이 자연을 과학적이고 기술적으로 이용하고 지배하는 행동은 정당하다고 보았어. 하지만 이젠 그것과 결별해야만 한다고 해. 그것이 바로 인간의 책임이라고 했지."

"누가요?"

아빠의 말에 진수가 물었습니다. 진수는 아빠가 누군가의 말을 대신하고 있다는 생각이 들었습니다.

"한스 요나스 아니에요?"

진아의 말에 이번에는 아빠가 놀란 눈치였습니다.

"그걸 네가 어떻게 알았니?"

"그럼 아빠는 어떻게 알았어요?"

"한스 요나스는 환경에 관심이 있는 사람이라면 모두 아는 철학자야. 한스 요나스가 쓴 『책임의 원칙』이 우리나라엔 1994년에 번역되어 들어왔는데, 그때 아주 인기가 많았어."

"우와, 그런 철학자의 책도 인기가 있을 수 있나?"

진수의 말에 아빠가 웃으셨습니다.

"아빠도 10년 전에 그 책을 읽었는데, 아주 흥미로웠단다. 우리가 지금 무엇을 우선으로 살아가야 하는지 명쾌하게 답을 주었거든. 농촌에서 사는 것을 떠나 이 푸른 별 지구에서 살아가는 모든 사람들이 읽어야 할 책이라고 생각했어. 그런데 우리 진아는 어떻게 알았니?"

"저도 어제 선생님께 들었어요. 태안 기름 유출 사건이

나 댐 건설이 자연을 훼손시키고 있잖아요. 그것을 막고 자연을 보호하기 위해선 인간이 책임을 져야 한다는 이야기를 했거든요."

"그랬구나."

아빠는 뿌듯했습니다.

"그런데 아빠, 지금 갑자기 생각났는데요, 댐이 좋은 점이 또 있어요. 우리 반 지호네 아빠 있잖아요?"

진수가 말했습니다.

지호 아빠는 마을에서 아주 유명합니다. 술을 좋아하시기로요. 낮에도 밤에도 술에 취해 있을 때가 많지요. 지호네는 도시에서 살았는데, 지호 아빠 사업이 망하면서 엄마도 도망가고 아빠는 술로 하루하루를 견디면서 막노동을 나가고 있습니다. 그러나 도시에서 막노동만으로 먹고살기엔 너무나 힘들었습니다. 월세도 내지 못하고 밥을 굶는 때도 많았다고 합니다.

그래서 흘러흘러 이 산골 마을까지 들어왔지만 살기 어렵기는 마찬가지였습니다. 그나마 인심 좋은 마을 사람들이 도와 끼니는 때우며 살고 있지만 그것이 대책일 수는 없었습니다. 술이 깨면 지호 아빠는 일을 하러 나가야지 했습니다. 하지만 언제나 말뿐이었습니다. 땅 한 평 없는 지호네가 농사를 지을 수도 없었고 남의 농사를 도울 만큼 일이 바쁜 것도 아니었습니다. 그렇다고 도시처럼 막노동을 할 수 있는 일자리가 흔한 것도 아니고요.

"지호는 자기네 아빠가 일을 할 수 있게 빨리 댐이 건설됐으면 좋겠대요. 지호 아빠는 막노동을 해서 건설 기술을 가지고 있는데 댐을 만들려면 노동이 필요하니까 거기에 나가서 일을 하면 돈을 벌 수 있잖아요? 지호는 잔뜩 기대에 부풀어 있어요. 아빠가 일을 하시면 술을 드시지 않을 것이고, 또 일을 하면 돈도 생기니까 지금처럼 어렵게 살지도 않을 테고…… 그래서 지호네를 위해서라도 댐이 만들어지면……."

안타까운 지호네 사정을 아는 우리 가족은 한동안 지호 생각에 아무 말도 하지 못했습니다. 아빠가 말씀을 하셨습니다.

"당장 지호 아빠가 일을 할 수 있다는 것만 생각하면 그것이 좋은 일일 수도 있단다. 그렇지만 그런 것을 좇다가 우리의 현실이 환경 파괴에 이르렀다는 결론을 잊어버려서는 안 될 것 같구나."

"아, 결국 파괴된 자연 환경이 우리에게 남아 있는 거구나……."

"마르크스 역시 진수가 말한 것처럼 노동자를 위한 행복에 대해 말했단다. 노동을 통해 계급 없는 사회를 만들어 새로운 유토피아를 꿈꾸었어."

진수는 손을 번쩍 들며 말했습니다.

"'일하지 않는 자는 먹지도 마라!' 하는 것처럼요?"

"허허, 그래. 정당한 노동의 대가로 행복해지는 삶을 꿈꾸었지. 그래서 너도나도 노동을 통해 잘살아 보려고 애를 쓴 거야. 무엇을 위한 노동을 하고 있는지에 대해선 생각하지도 않고 말이야. 노동을 통해 정당하게 얻는 자본에 대해서만 생각했지. 그러나 사람들의 노동은 산을 깎고 물을 막아 공장을 세우고 도로를 만들고……. 그로 인해 자연이 가공되고 변형되었다는 사실을 잊어버렸단다. 그래서 한스 요나스가 베이컨과 마르크스의 철학을 부정하고 비판한 거란다."

아빠는 차근차근 설명해 주셨습니다.

"그래서 인간이 자연에 책임의식을 가져야 한다는 말이군요. 인간의 목적이 자연을 훼손시켰고 결국 인간조차 살 수 없는 환경을 만들었으니…….”

진아는 친구들, 그리고 선생님과 나누었던 말이 생각났습니다.

"우리 진아가 잘 알고 있구나."

"그래도 다른 사람들은 댐 건설이 되고 나서 어떻게 살아야 할지 계획을 세우는데…….”

엄마는 말끝을 흐렸습니다. 아빠의 말은 이해가 되지만 쉽게 마음이 움직이지는 않는 모양이셨습니다.

"그런 이기적인 생각이 불행을 가져온다는 걸 왜 모르고……. 여보, 당신이 무엇을 불안해하는지 알겠어. 그렇지만 우리가 여기서 포기하면 더 큰 불행이 오게 될 거야. 당장이 아니라 미래에 말이야. 눈앞에 있는 이익을 생각하지 말고 더 먼 미래에 대해 생각해 보자고.”

진아는 아빠 대신 엄마의 손을 꼭 잡았습니다.

진아는 오늘 아빠의 이야기를 들으면서 마음속으로 한 가지 다짐을 했습니다. 댐 건설을 반대하는 데 앞장서야 한다고. 그것이 당연한 인간의 책임이라는 사실을 마음속에 새겨 넣었습니다.

"우리 가족 모두 아빠의 생각에 따라와 줄 수 있겠지?”

아빠가 주먹을 쥐고 "파이팅!" 하고 외쳤습니다. 진아네 가족은 모두 손을 높이 들었습니다.
"파이팅!"

네 생각은 어때?

우리는 과학 기술이 인간의 삶을 더 풍요롭게 하여 유토피아를 만들 수 있을 거라는 생각을 가지고 있어요. 하지만 우리의 생활은 편리해졌다 해도 자연 환경은 오염되고, 기후 변화로 인해 동식물은 살 곳을 잃어 멸종되고 있지요. 환경 과학자들은 지구가 점차 인간이 살기 어려운 환경으로 변하고 있다고 경고하고 있어요. 그렇다면 우리는 과학 기술을 어떻게 이용해야 할까요? 자신의 생각을 말해 보세요.

▶풀이는 184쪽에

태안반도로 가자

오늘은 겨울 방학식이 있는 날입니다. 아이들은 방학 동안 도시에 있는 친척집에 간다, 가수 콘서트에 간다, 학원에 다닌다, 계획을 세우느라 즐거웠습니다. 아이들의 말만 들어도 괜히 설레었습니다.

"진아야, 넌 방학 하면 제일 먼저 뭐 하고 싶어?"

소율이가 물었습니다.

"나는 서울에 있는 이모들과 외할머니, 사촌들하고 하롱베이에 가기로 했어. 알지? 베트남에 있는 하롱베이. 텔레비전에도 많이 나왔잖아."

소율이가 들떠서 말했습니다. 진아는 텔레비전 광고에

나왔던 하롱베이를 떠올렸습니다. 자연 경관이 빼어난 하롱베이가 눈앞에 펼쳐지는 듯했습니다.

"그래? 정말 좋겠구나. 거기 정말 아름다운 곳이라며?"

"수천 년 전의 자연이 그대로 보존된 곳이래. 나도 말로만 들어 봤으니까 잘 모르지만, 어쨌든 정말 자연 그대로 잘 보존된 곳이래. 생각만 해도 가슴이 마구 뛰어. 나 태어나서 비행기 한 번도 못 타 봤잖아. 이번에 처음으로 타 보는 거라서 무척 설레."

소율이가 꿈을 꾸듯 말했습니다.

진아 또한 비행기를 타 본 적이 없었습니다. 하롱베이가 얼마나 아름다운지는 텔레비전을 통해 봤지만 많은 관광객들 때문에 몸살을 앓고 있다는 이야기도 들었습니다. 이젠 너무나 유명해진 하롱베이가 관광객들에게 시달려 많이 훼손되었다는 이야기도 들었습니다. 그것이 안타까웠지만 진아는 소율이에게 어떤 이야기도 하지 못했습니다. 꿈을 꾸듯, 설렘으로 가득 찬 소율이에게 그런 이야기를 한다는 건 기분 나쁠 수도 있기 때문이었습니다. 어쨌든 진아는 비행기를 탄다는 소율이가 부러운 건 사실이었으니까요.

"진아 너는 방학 동안 뭐 하고 싶어? 어디 갈 건데?"

"난……."

그때 선생님께서 들어오셨습니다. 떠들썩하던 교실이 잠잠해졌습니다.

"오늘이 겨울 방학식이지?"

"네!"

아이들의 목소리가 얼마나 우렁찬지 교실이 다 떠내려갈 뻔했습니다.

"방학 계획은 많이 세웠니?"

선생님의 말씀에 여기저기서 웅성거렸습니다. 제각기 자기의 계획에 대해 말하느라 왁자지껄했습니다.

"계획대로 모두 실천하기는 힘들 테지만, 많은 걸 경험하고 느껴 보도록 해. 계획보다도 실천이 중요하다는 것, 모두 잘 알고 있지? 많은 계획 중에서 꼭 한 가지는 실천하고."

"네!"

"그래서 말인데요……."

진아가 손을 들고 슬그머니 일어났습니다. 아이들이 의아한 표정으로 진아를 쳐다보았습니다.

"계획보다도 실천이 중요하다는 선생님 말씀을 이번에 꼭 지켜보고 싶어요. 이번 겨울 방학 계획은 태안반도에 봉사 활동을 하러 가는 것입니다."

"우와!"

아이들이 놀란 눈을 하고 진아를 쳐다보았습니다.

"그런데 이런 생각을 해 보았어요. '나 혼자가 아니라 친구들, 선생님과 함께 가는 것은 어떨까?' 말이에요. 우리는 지난 시간에 자연에 대한 인간의 책임을 말했잖아요?"

"그래, 한스 요나스가 인간의 책임이 중요하다고 그랬잖아."

소율이가 말했습니다.

"그런데 '한스 요나스의 주장이 무엇이다.' 하는 것으로 이해하기엔 정말 알지 못하는 것 같아요. 정말 알고 느낄 수 있으려면 경험해 봐야 하지 않을까요?"

선생님은 웃으며 진아에게 이야기를 계속하라고 하셨습니다.

"그래서 제가 제안을 드리고 싶어요. 거창한 계획 같지만 우리 모두가 실천할 수 있는 계획. 우리 학교 학생들이 태안 반도로 봉사 활동을 가서 기름 유출이 환경을 어떻게 망가뜨리는지, 우리가 왜 자연에 대해 책임을 져야 하는지에 대해 다시 한번 생각해 봤으면 좋겠어요."

진아의 말이 끝나자 여기저기서 웅성거렸습니다.

"진아의 말대로 봉사 활동을 가는 것은 좋은 경험일 것 같아요. 저도 봉사하고 싶은 마음은 있지만, 어떻게 해야 할지 몰랐거든요. 선생님이 우리를 데리고 함께 가 주신다면……."

"겨우 하루 봉사한다고 그게 진정한 봉사겠어? 생색만 내는 일일 뿐이지."

"봉사의 의미도 있지만, 우리가 직접 현장을 체험한다는 데 의미가 있는 것 아니겠어?"

"그곳엔 일손이 많이 부족하대. 기계로 뚝딱 해치울 수 있는 일이 아니라 천으로 일일이 돌을 닦아야 하는 일이기 때문에 사람 손이 절실히 필요하다는데……."

"우리 마을 댐 건설도 해결되지 않아 어수선한데 우리가 그런 곳에 간다고 하면……."

"같은 의미에서 환경을 위한 일인데 뭐."

"나는 여행 가기로 했는데……."

"야! 딱 하루 봉사 활동 가는 건데 그것도 못 하냐? 여행을 내일 당장 가는 것도 아니고. 너 비행기 탄다고 자랑하고 싶은 거지?"

아이들이 서로 자기 의견을 주장하느라 교실은 아수라장이 되고 말았습니다.

"단 하루라도 단 1분이라도 우리의 손길이 닿는다면 돌멩이 하나가 기름때를 벗게 돼. 그것만 생각하고 우리 모두 함께 가는 건 어때?"

진아가 말했습니다. 아이들이 갑자기 숙연해졌습니다. 아무리 뉴스에 관심이 없다고 해도 태안반도 기름 유출 사건에 대해 그 심각성을 모르는 아이는 아마 한 명도 없을 것입니다. 그렇기 때문에 친구들은 진아의 제안을 받아들일 수밖에 없었습니다.

"저는 찬성이요!"

천수가 손을 번쩍 들었습니다.

"누가 반대래?"

그런 천수를 쳐다보며 소율이가 말하자 아이들이 너도나도 소리쳤습니다.

"맞아!"

"가자!"

"태안으로!"

아이들은 모두 같은 생각, 같은 마음으로 태안반도 봉사 활동을 가기로 했습니다. 아이들은 헌옷을 챙긴다, 장갑을 챙긴다, 마스크를 챙긴다며 야단들이었고, 선생님도 승합차를 빌리기 위해 여기저기 알아보신다고 했습니다. 이번 겨울 방학은 그 어느 해의 겨울 방학보다 분주하고 설레었습니다. 왜냐하면 방학을 하자마자 친구들이 모두 같은 계획을 세웠고, 또 실천하기 위해 마음을 모았으니까요. 오래도록 기억에 남는 방학이 될 것 같았습니다.

책임의 동기를 묻다

어른들은 아침 일찍부터 군청으로 몰려 가셨습니다.

그동안 진아 아빠는 마을 사람들을 설득했습니다. 보상금에 연연하거나 앞으로의 대책에 흔들리지 말고, 마을을 지키고 환경을 지키기 위해 댐 건설에 반대하자고 말입니다. 댐 건설에 반대하는 의견을 모아 힘을 합쳐 싸우자며, 일일이 마을 사람들을 찾아다녔습니다. 대체로 마을 사람들은 댐 건설을 반대했지만, 앞으로의 일을 걱정해 대책을 세워야 한다며 슬그머니 꼬리를 뺐습니다. 그러나 아빠는 그런 약한 마음이 마을을 물에 가라앉게 만들 수도 있다며, 사람들에게 함께 댐 건설에 반대하자고 말했습니다.

댐 건설 반대 시위에 박차를 가하는 어른들의 의지처럼 태안반도로 봉사 활동을 가는 우리들의 의지도 대단했습니다. 추위와, 몸에 안 좋은 물질이 닿을 것에 대비해 옷을 여러 겹 입었고 마스크를 쓰고 목도리도 단단히 둘렀습니다. 그리고 쌀자루 한가득 헌옷이나 천, 폐현수막 등을 모았습니다.

"준비 다 됐지?"

선생님은 승합차에 올라탄 아이들을 다시 한번 셌습니다. 진아, 소율, 천수, 용진, 혜민이까지 5학년 친구 모두와 진아의 동생 진수, 4학년 미영이, 이렇게 선생님을 포함해 모두 여덟 명이 모였습니다.

안면도로 진입하자 차가 막혔습니다. 봉사하러 온 사람들의 차량으로 도로는 북적였습니다. 많은 사람들이 봉사를 하기 위해 몰려든 것이기 때문에 차가 막혀도 지루하거나 짜증나지 않고 마음이 뿌듯했습니다.

"어머나!"

"큰일이다!"

"이렇게까지……."

꽃지 해수욕장에 도착한 우리들은 저마다 탄성을 질렀습

니다. 아름다운 백사장이 펼쳐져 관광지로 유명한 꽃지 해수욕장이 검은 기름으로 뒤덮여 있었습니다.

이미 봉사를 하고 있는 사람들의 흰 방제복은 기름때로 검게 물들었습니다. 삽으로, 양동이로 퍼낸 기름 무더기가 큰 함지박에 가득했습니다. 아이들과 여자들은 바위 위에 앉아 천으로 기름을 닦았고 남자 어른들은 해안으로 떠밀려 온 타르 덩어리들을 삽으로 퍼내 담았습니다.

봉사하러 온 사람들 중에는 연예인도 있었고, 사고 현장이자 봉사 현장을 촬영하기 위해 온 기자들도 많았습니다.

"우와, 저 사람 개그맨 맞지?"

"저 사람은 가수야."

"야, 저기 촬영하고 있나 봐. 카메라로 찍고 있어. 우와, 실제로 보니까 저 가수 진짜 예쁘다. 히히."

용진이는 가수를 쳐다보느라 하마터면 돌멩이에 걸려 넘어질 뻔했습니다.

"앞 좀 보고 다녀라. 너 온몸으로 기름을 닦으려고 그래? 이걸로 닦아."

소율이가 용진이에게 헌 옷을 던지며 흘겨보았습니다.

"으응……."

용진이는 여전히 가수에게서 눈을 떼지 못했습니다.

"정말, 못 말린다니까!"

소율이가 그런 용진이를 나무랐습니다.

"얘들아, 우리는 다른 사람들에게 방해가 되지 않도록 이곳에서 기름을 닦자."

선생님이 손짓했습니다. 우리는 우르르 몰려가 자리를 잡고 바위에 앉아 돌멩이에 묻은 기름을 닦았습니다.

"물과 기름은 서로 분리된다더니 왜 이렇게 기름이 바위에 들러붙었지?"

"원유라서 그래."

우리들은 기름으로 뒤덮인 바위와 돌멩이를 안타깝게 바라보며 열심히 닦았습니다.

"이것 봐."

천수가 소리쳤습니다.

천수가 가리킨 것은 마치 해초 덩어리 같았습니다. 적갈색의 끈적끈적한 덩어리를 두 손으로 건져 냈습니다. 타르 덩어리였습니다. 아이들이 눈을 찌푸렸습니다. 바위 틈새마다 그런 타르 덩어리들로 가득했습니다. 우리는 타르 덩어리를 양동이에 담고 돌멩이를 닦고 또 닦았습니다.

"정말 끔찍해요. 눈으로 직접 확인하고 나니 환경 오염이 더 실감나요."

진아의 말에 선생님도 쯧쯧 혀를 찼습니다.

"그러게, 이걸 다 어쩌면 좋니?"

기름때는 하루 이틀 닦아서 될 일이 아닌 것 같았습니다. 온통 기름투성이라 어디서부터 어떻게 닦아 내야 할지 막막했습니다.

"엄마야!"

진수가 소리를 질렀습니다. 바위 틈새에서 죽은 작은 물고기를 발견했습니다. 처음엔 모두 그것이 기름덩어리인 줄 알았습니다. 그러나 기름을 뒤집어쓴 물고기였습니다. 바위에 붙어 자라는 어린 굴과 홍합은 껍데기가 모두 벌어져 그 사이마다 기름이 가득 찼습니다.

"이게 바로 우리 인간이 자연에게 저지른 짓이야. 과학 기술이 발전하면 우리는 더 좋은 환경에서 살 수 있을 거라고 생각했어. 결국 이렇게 닥친 재앙을 막을 수 없는 거야."

선생님 말씀에 아이들은 진지해졌습니다. 선생님의 어떤 설명도 직접 보고 체험한 것에 비할 것이 못 되었습니다. 태안반도 기름 유출 현장에서 아이들은 이미 많은 걸 느끼고 있었습니다.

"이렇게 될 때까지 대체 정부에서는 무엇을 한 걸까요?"

답답하다는 듯 진수가 말했습니다.

"기름막이를 치고 약품을 뿌렸다고 하잖아. 결국 아무 소용은 없었지만······."

용진이가 힘없이 말했습니다.

"과학 기술이 발전하면 뭐 해? 이렇게 될 때까지 손도 못 대고 있잖아."

천수도 허탈하기는 마찬가지였습니다.

"맞아, 과학 기술로 인해 환경 오염과 같은 부작용이 생겼어. 그래도 사람들은 여전히 기술이 그런 문제를 해결할 수 있을 거라 생각하지만, 결국 해결되는 일은 없단다."

선생님의 말씀에 아이들은 또 한 번 절망했습니다.

"그러니까 모두 자연으로 돌아가야 한다니까!"

도인 같은 천수가 도인 같은 대책을 내놓았습니다.

"그렇다고 '자연으로 돌아가라' 식의 낭만적인 생각만 할 수는 없어. 문제를 피하듯 무작정 자연으로 돌아가자고 하는 건 무책임한 행동이 아닐까?"

선생님이 한숨을 내쉬었습니다.

"대체 그럼 우린 어떡해야 하는 거죠?"

천수도 선생님처럼 한숨을 내쉬었습니다.

"그러니까 한스 요나스가 인간의 책임이라는 말을 한 거 아니야. 넌 지난번에 무슨 말을 들은 거야? 까마귀 고기를 삶아 먹었니?"

소율이가 말했습니다.

"하하하!"

아이들이 웃었습니다. 선생님도 따라 웃었습니다.

"그래, 인간이 만들어 낸 위험은 결국 인간이 해결할 수밖에 없어. 그러니 인간이 책임의식을 가져야 할 수밖에. 그것은 인간도 역시 자연의 일부라는 사실을 인정하는 태도에서부터 가능한 것이란다."

"맞습니다요! 선생님 말씀이 맞아요. 지금이라도 그런 책임의식을 갖지 않는다면 이런 일이 또 생기지 않으리란 법은 없을 테니까요. 이번 일을 계기로 우리가 자연에 대해 도덕적인 책임자라는 사실을 깨달아야 한다니까요. 또 이런 일이 일어나면 어떡하겠어요?"

천수의 말에 선생님이 기름 묻은 손으로 엄지를 들어 보이며 "최고!"라고 말씀하셨습니다. 열심히 돌을 닦던 용진이가 선생님의 칭찬이 부러운지 볼멘소리로 말했습니다.

"야, 오천수! 넌 어째 모든 일에 그렇게 부정적이냐? 앞으로 또 이런 일이 일어나면 어떡하냐? 절대, 무슨 일이 있어도, 다시는, 결코 이런 일이 일어나지 않아야지! 만약에 또 이런 일이 일어난다면 정말 바다는 어떤 생명도 살지 못하는 황폐한 곳이 되고 말거야. 그렇죠? 선생님?"

"용진이 말이 맞아. 인간은 환경에 대한 책임의식을 갖고 다시는 어떤 식으로든 자연을 황폐시키는 끔찍한 일은 만들지 말아야 해. 정말 생각만 해도 끔찍하다."

소율이는 파르르 떨며 죽는 물고기를 애처롭다는 듯이 쳐다보았습니다. 만날 타박만 하던 소율이의 칭찬을 들으니 용진이는 기분이 좋아졌습니다.

"너희들 말이 모두 옳다. 만약 미래에도 이런 불행한 일이 일어난다거나, 혹은 더한 일이 벌어진다고 상상하면 정말 끔찍하지?"

"네!"

선생님의 말씀에 아이들이 입을 모아 대답했습니다.

"그런데 천수가 부정적인 생각을 한 것은 아니야. 미래에 대해서는 유토피아적인 예언을 하는 것보다 오히려 불행한 예언을 하는 것이 더 좋아. 미래에 있을 불행을 예방하게 되는 책임의 동기를 묻는 것이거든. 그러니 천수가 미래의 끔찍한 일을 상상해 본 것은 아주 의미 있는 일이란다."

선생님의 말씀에 용진이가 천수를 흘깃 쳐다보며 머리를 긁적였습니다. 천수는 괜히 어깨를 으쓱였습니다.

"그것을 '공포의 발견술'이라고 해. 미래의 불행을 예방하기 위해 책임의 동기를 묻는 것 말이야."

"공포의 발견술?"

"그렇단다."

아이들이 모두 고개를 끄덕였습니다.

그때 카메라를 든 아저씨 한 분이 우리 곁으로 다가왔습니다.

"이렇게 날씨가 추운데 어린 친구들이 봉사하러 왔구나?"

아저씨는 우리가 대견하다는 듯 환한 미소를 지으셨습니다.

아저씨는 케이블 TV 뉴스 채널의 기자라고 하셨습니다. 태안반도에 봉사 활동을 온 사람들을 취재하러 왔다고 했습니다. 아저씨는 우리가 산골 마을 분교에서 왔다는 사실을 듣고 깜짝 놀라셨습니다.

"아니, 그곳에서 어떻게 이곳까지?"

"산골에도 텔레비전은 나오거든요."

"나라가 온통 기름 유출 사건으로 떠들썩하고, 또 환경이 이렇게 오염되고 있는데 가만히 있을 수 있어요?"

"당연하죠. 우리가 나서서 봉사해야죠."

"미래의 기둥인 우리가 자연을 지킬 책임을 가지고 여기 온 거예요. 헤헤."

아이들은 저마다 봉사 활동을 하러 온 것을 자랑스럽게 여기며 말했습니다.

"우와, 정말 멋진 아이들이구나? 그럼, 텔레비전에 너희들이 나오는 건 어때?"

아저씨의 말에 이번엔 우리가 깜짝 놀랐습니다.

"우리가요?"

"그럼! 너희처럼 착한 어린이들이 텔레비전에 나와야 많은 사람들이 감동을 받지."

아저씨의 칭찬에 우리는 좋아서 어쩔 줄을 몰랐습니다.

"나는 지금 봉사자들의 인터뷰를 하고 있던 중이란다. 너희들이 인터뷰를 해 준다면 텔레비전에 나올 수 있어. 우선

썩어 가는 바다 속에 더 이 신음
먹을 수 없는 농
지구 온난화 가속화가 점점

너희들이 기름때를 닦는 모습을 찍고 그 다음에…….”

아저씨가 우리를 둘러보았습니다.

“누가 인터뷰를 하는 게 좋을까?”

“에이, 이럴 줄 알았으면 좀 더 멋있게 차려입고 오는 건데…….”

천수의 넉살에 모두가 웃었습니다.

“안 그래도 멋있는데 뭐.”

아저씨의 말에 천수는 멋쩍게 웃었습니다.

“그래, 네가 하는 게 좋겠다.”

천수는 손사래를 쳤습니다.

“아니에요. 저는 카…… 카메라 울…… 울렁증이 있어…… 서…… 요.”

천수가 말을 더듬었습니다. 우리들은 그런 천수가 귀여워서 또 웃었습니다.

“진아가 하는 게 좋겠어요. 이곳에 오자고 제안한 아이가 바로 진아거든요.”

천수가 진아를 가리켰습니다.

“아니, 저…… 저도…….”

“그래, 진아가 하는 게 좋겠다. 네 생각을 편하게 얘기하면 돼."

선생님도 진아를 추천하셨습니다.

"그래. 정말 편안하게, 평소에 말하듯이 하면 돼. 할 수 있겠지?"

아저씨는 진아에게 눈을 찡긋하며 개구쟁이처럼 웃었습니다. 그런 모습이 우스워 진아는 저도 모르게 웃음이 터져 나왔습니다. 아저씨가 카메라를 켜자 진아뿐 아니라 다른 아이들도 긴장이 되었습니다.

"자, 시작."

카메라에 빨간 불이 들어왔습니다. 작은 마이크를 들고 있던 아저씨는 또박또박 말을 하기 시작했습니다.

"푸른 바다 속을 헤엄치던 물고기와 그 위를 유유히 날던 새들이 제 빛깔을 잃고 검은 기름을 뒤집어쓴 채 죽어 가고 있습니다. 이를 안타까워하는 많은 봉사자들이 춥고 먼 길을 달려왔습니다. 봉사자들은 대부분 참담한 모습에 얼굴을 찌푸렸지만, 바다를 이렇게 만든 것은 다름 아닌 바로 우리들입니다……."

철학자의 생각

미래 과학 기술에 대한 경고

'공포의 발견술'을 사용하라

여러분은 지구 온난화가 무엇인지 알고 있나요? 그것은 지구에 해로운 기체가 많이 늘어나서 지구의 온도가 올라가는 현상을 말해요. 지구 온난화는 인간이 과학 기술을 지나치게 믿고 발전시킨 결과예요.

지구 온난화로 인해 2080년 지구 평균 기온이 3도 이상 올라가게 되면 전 지구 생물 중 대부분은 멸종할 것이라는 충격적인 경고가 나오고 있어요. 인류가 멸종하지는 않겠지만 전 세계 인구의 20퍼센트 이상은 홍수 위험에 노출되고, 최고 32억 명이 물 부족을 겪는 등 심각한 재난에 시달릴 수 있어요. 게다가 생태계에도 혼란이 일어나 많은 생물이 멸종하고, 농작물이 감소해 인간은 굶주림에 시달리게 돼요. 홍수와 폭우가 자주 일어나서 전염병도 늘어나겠지요. 일본과 같은 섬나라는 바다에 잠기고요. 이러한 미래를 예견한 한스 요나스의 환경철학은 우리 모두에게 많은 시사점을 던져주고 있어요.

한스 요나스는 '공포의 발견술(Heuristik der Furcht)'이라는 말을 사용했어요. 과학 기술의 발달이 야기한 인류의 불확실한 미래를 예상해 보고, 그 대안으로 미래의 책임 윤리를 제시했지요.

예컨대 우리는 살인이 없었다면 아마도 생명의 소중함을 알지 못했을지도 몰라요. 또 '살인하지 말라.'는 도덕적 명령의 귀중함을 알지 못했을지도 모르죠. 거짓이 없었다면 진실의 가치를 알 수 없었을지도 모르며, 부자유가 없었었다면 자유를 알 수 없었을지도 몰라요. 이렇듯 인간은 심각한 위기 상황에 닥쳐야만 비로소 위기를 깨닫게 되는 어리석은 종이에요. 인간은 악을 깨우치는 것이 선을 깨우치는 것보다 훨씬 쉽다는 것이죠.

우리가 악이라고 알고 있는 것은 선이라고 알고 있는 것보다 더 직접적이며 설득력 있고, 의견의 차이에 시달리지도 않으며, 더 가식적이지도 않아요. 예를 들어 질병을 경험하지 않고는 건강에 대한 중요성을 알 수 없어요. 거짓된 행위를 보지 않고는 진실을 볼 수 없고요. 전쟁의 처참함을 모른다면 평화를 열망하는 마음을 갖지도 못할 거예요.

한스 요나스는 기술공학을 추구하는 행위가 가장 나쁜 결과를 안겨 주는 미래를 인간이 상상해야 한다고 했어요. 우리는 지금 우리가 하는 행위에 대해 보다 분명한 결과를 예견할 수 있어요. 그런데 만약 예견되지 않은 새로운 결과가 나타난다면 어떻게 될까요? 심각한 위험에 처해 인간은 생존할 수 없을지도 모릅니다.

과학 기술 사회에 유토피아는 없다

20세기 이후 자본주의가 눈부시게 발전하면 인간 사회는 물질적 풍요를 이루어 유토피아 사회를 건설할 수 있다고 예측했어요. 이러한 인류의 청사진을 제시한 인물이 경험주의 철학자 베이컨이에요. 그의 명언 '아는 것이 힘이다'는 너무도 유명한 말이죠. 그 말에는 아는 것이 많아질수록 인간은 행복해진다는 의미가 담겨 있어요. 베이컨은 세심한 관찰과 주의 깊은 실험들, 거기서 얻은 지식이 불행을 막아주고 행복한 삶을 가져다준다고 말했어요. 인간이 쌓아 올린 지식은 유토피아 정신과 자연을 정복하는 근원적인 힘이라는 것이죠. 하지만 지금 인간이 자연을 정복하여 행복을 추구

한 결과 오히려 그 역풍을 맞고 있어요.

또 다른 유토피아 세계를 꿈꾼 인물은 마르크스예요. 마르크스는 노동자가 주인이 되는 계급 없는 사회를 만들고자 했어요. 마르크스는 노동자 계급은 열심히 일을 해도 그에 합당한 임금을 받지 못하고 자본에 의해 소외를 당한다고 했어요. 따라서 자본가 계급을 없애고 노동자가 힘을 합쳐 노동자만의 유토피아를 만들어야 한다고 주장했지요. 마르크스는 베이컨처럼 자연을 정복하여 물질적인 행복을 추구해야 한다고 주장하지는 않았어요. 하지만 마르크스의 주장대로 노동을 통한 유토피아 건설은 자연과 충돌할 수밖에 없어요. 그래서 마르크스는 자연의 인간화, 인간의 자연화라는 화해의 철학을 제시합니다.

베이컨의 유토피아가 자연에 대한 인간의 권력을 끊임없이 행사했다면, 마르크스의 유토피아는 자연을 배제한 계급 없는 사회를 만들고자 했어요.

환경 윤리는 미래 세대를 위한 것

한스 요나스는 베이컨이나 마르크스와는 작별 인사를 해야 한다고 했어요. 베이컨처럼 인간의 과학 지식으로 자연을 정복하여 유토피아를 만들고자 했던 구상과 마르크스처럼 노동을 통한 인간 해방으로 유토피아를 만들고자 했던 구상에서 벗어나야 한다는 것이죠.

한스 요나스가 베이컨과 마르크스에게 하고자 했던 주장은 그들이 찬미하는 과학 기술의 진보가 유토피아를 가져다주기는커녕 유토피아와 반대되는 세계, 즉 디스토피아를 가져다줄 거라고 경고하고 있어요. 막연한 유토피아의 꿈을 접고 자본주의 문화와 기술 비판을 통해 올바른 미래의 관점을 제시해야 한다는 것이죠. 한스 요나스가 주장한 생태적 윤리는 현 세대뿐만 아니라 미래 세대를 위한 윤리예요.

미래 세대에 대한 윤리는 현 세대가 미래 세대에 대한 책임뿐만 아니라 미래 세대에 대한 의무입니다. 따라서 21세기의 생태 문제는 아직도 인간이 얼마만큼 행위할 수 있는가가 아니라 자연이 얼마나 견딜 수 있는가에 초점을 맞추어야 해요.

즐거운 독서 퀴즈

1 다음과 같이 진아네 반 아이들은 원유 유출 사고를 당한 태안반도에 봉사 활동을 하러 갔어요. 다음 글을 읽으면 어떤 책이 떠오르나요? 이 책의 지은이는 해양생물학자 레이첼 카슨이고, 오염된 바다에서 물고기가 떼죽음을 당하는 참혹한 이야기를 담았어요. ( )

> 진수가 소리를 질렀습니다. 바위 틈새에서 죽은 작은 물고기를 발견했습니다. 처음엔 모두 그것이 기름덩어리인 줄 알았습니다. 그러나 기름을 뒤집어쓴 물고기였습니다. 바위에 붙어 자라는 어린 굴과 홍합은 껍데기가 모두 벌어져 그 사이마다 기름이 가득 찼습니다.
> "이게 바로 우리 인간이 자연에게 저지른 짓이야. 과학 기술이 발전하면 우리는 더 좋은 환경에서 살 수 있을 거라고 생각했어. 하지만 결국 이렇게 닥친 재앙을 막을 수 없는 거야."

❶ 『침묵의 봄』　　❷ 『나무 수업』
❸ 『오래된 미래』

정답

❶ 『침묵의 봄』

2 한스 요나스는 '공포의 발견술'이라는 말을 사용하지요. 과학 기술이 몰고 올 불행한 결말을 예상해 보고 대비하자는 뜻에서요. 다음에서 '공포의 발견술'에 해당하는 것을 두 개 이상 골라 보세요. (   )

❶ 마을의 산을 깎아 골프장을 짓는다면 스포츠 관광이 활성화될 것이다.
❷ 산을 깎아 골프장을 짓는다면 숲과 고라니는 사라지고 홍수가 빈번하게 닥칠 것이다.
❸ 살인이 없었다면 생명의 귀중함을 몰랐을 것이다.
❹ 비무장지대를 일반인에 개방하여 관광지로 개발하면 희귀 동식물이 점차 멸종할 것이다.
❺ 비무장지대를 일반인에 개방하면 희귀 동식물을 관광 자원으로 활용할 수 있을 것이다.

정답

정답
❷ ❸ ❹

3 다음은 철학자 베이컨과 마르크스, 한스 요나스가 미래를 예견하는 주장을 나열한 것이에요. 각 철학자에 맞는 주장을 찾아 서로 연결해 보세요.

베이컨 ❶   ⓐ 노동자들이 서로 힘을 합해 계급 없는 사회를 만듦으로서 인간 해방을 이룬 유토피아 사회를 건설할 수 있다.

마르크스 ❷   ⓑ 과학 기술에 대한 비판으로 미래의 불행한 결과를 미리 예견하여 미래에 대한 책임 윤리를 가져야 한다.

한스 요나스 ❸   ⓒ 과학 기술과 같은 인간의 경험 지식으로 자연을 정복하여 유토피아를 건설할 수 있다.

정답
❸ - ⓑ
❷ - ⓐ
❶ - ⓒ

우리로 인해 실제로 위협받는 것은 오직 살아 있는 자연이다.
살아 있는 자연 안에도 아주 특별한 자연, 우리의 존재 자체인 그런 종류의 자연,
정신을 보여 주는 종류의 자연이 위협받고 있다.
― 한스 요나스

4 미래를 위한 책임 윤리

댐 건설 계획 취소!
흥겨운 장구 소리, 덩더쿵 노랫소리.
마을을 지킨 기념으로 잔치가 열렸다.
근데, 이건 비밀인데….
진아가 몰래 대통령께 편지를 썼던 거다.
"대통령님, 제발 부탁이에요. 우리 마을을 살려 주세요."
대통령님이 진아의 소원을 들어주신 건가?

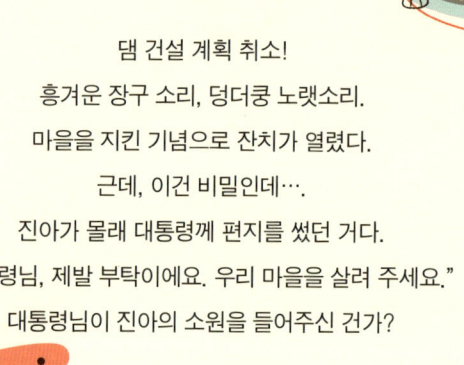

우리 마을을 지키자

"야, 진아 너 정말 말 잘하더라? 못한다고 하더니만……."

결국 진아와 함께 인터뷰를 하게 된 천수가 말을 많이 더듬어 중간에 포기를 하고 말았습니다. 천수는 당당하게 자신의 생각을 말하는 진아가 부러웠습니다. 진아는 인터뷰를 할 때보다 얼굴이 더 빨개졌습니다.

어느덧 해가 뉘엿뉘엿 졌습니다. 바람이 몹시 불고 기온이 떨어지는 탓에 더 이상 바다에서 봉사를 하지 못하게 되었습니다. 우리는 아쉬운 마음을 뒤로 하고 승합차에 올라타 집으로 향했습니다. 도로는 차량으로 뒤덮여 차가 많이 밀렸습니다.

"그래, 정말 잘했어."

소율이도 진아의 손을 꼭 잡으며 격려해 주었습니다.

"어쨌든 오늘 봉사를 통해 정말 느낀 게 많아."

진수의 말에 우리는 깜짝 놀랐습니다. 어린 줄만 알았던 진수의 얼굴이 몹시 심각해 보였거든요.

"뭘 그렇게 많이 느꼈는데?"

진아가 비꼬듯이 말하는데도 진수는 여전히 심각했습니다.

"남의 일 같지 않다는 거지."

"태안에 기름이 유출되었다고 태안 사람들만의 일이겠니? 국민 모두의 일이지, 당연한 걸 가지고 새삼스럽게……."

"그게 아니고 우리 마을 말야. 실제로 기름으로 인해 죽은 물고기와 새들을 보니까 댐이 생기면 우리 마을을 찾아오던 새들과 물고기도 저렇게 될 걸 생각하니……."

"에이, 댐이 생긴다고 저렇게 기름을 뒤집어쓰지는 않지. 아야!"

용진이가 또 생각 없이 나서자 소율이가 세게 꼬집었습니다.

"댐이 만들어지면 저수지에 물이 고이잖아. 물이 고여 수온이 올라가고 바닥에 침전물이 생기면, 생물이 살기 어렵다고 하더라고……."

말 한마디 안 하고 조용히 돌만 닦았던 혜민이가 말했습니다.

"거봐, 댐을 통해 홍수를 막고 에너지를 만들고 어쩌고저쩌고 하지만, 결국 그건 인간을 중심으로 생각했던 거야. 자연을 생각하지 않고. 댐이 만들어지면 결국 자연은 파괴될 거야."

진아는 갑자기 흥분하여 자기도 모르게 목소리가 커졌습니다.

"저기 좀 봐!"

진수가 창밖을 가리키며 소리쳤습니다. 진수가 가리킨 곳은 다름 아닌 시위 현장이었습니다. 기름 유출 업체를 처벌하고 정부의 댐 건설 계획을 철회하라는 시위였습니다. 어민에 대한 보상금 지급, 환경 훼손 문제도 책임지라는 문구를 현수막과 피켓에 담아 모두 한소리를 냈습니다.

12월 겨울 바닷가 바람이 몹시 차가웠습니다. 그러나 사람들은 추위에도 아랑곳하지 않고 오랫동안 시위를 한 듯 얼굴이 빨갛게 얼어 있었습니다. 절규하듯 부르짖는 사람들의 목소리에서 간절함이 묻어났습니다.

그 모습을 보자 우리들은 모두 숙연해졌습니다. 누가 말하지 않아도 그 모습을 보고 가슴 아프게 느낀 것은, 바로 우리 부모님의 모습과 닮았기 때문이었습니다.

천수가 한숨을 내쉬었습니다.

"우리 부모님도 지금 추위에 떨며 시위를 하고 계실 텐데……."

"우리 엄마는 감기에 걸리셨는데도 나가셨어."

4학년 미영이도 울상이었습니다.

"우리 마을에 댐이 생기면 정말 큰일이야. 우리뿐만 아니라 새들과 물고기도 이사를 가야 하잖아."

진수도 한마디 거들었습니다.

"그뿐이겠어? 댐이 생긴 자리에 있던 모든 생물들은 죽게 되고, 먹이를 잃은 다른 동물들도 죽게 될 거야."

용진이도 걱정이 되는 모양이었습니다.

"그러지 말고 우리 마을을 살리자!"

소율이가 소리쳤습니다.

"그게 무슨 말이야? 우리가 어떻게?"

천수가 소율이를 쳐다보았습니다. 댐 건설에 찬성했던 소율이를 의아하게 쳐다본 것은 진아도 마찬가지였습니다.

"우리도 힘을 보태자."

"시위 현장에 나가 구호라도 외치자는 거야? 어른들이 싫어하실걸."

"싫어하시는 게 아니라 걱정하시는 거지."

천수의 말에 용진이가 토를 달았습니다.

"그러니까 다른 방법으로 하면 되잖아!"

소율이에게 묘안이 있는 모양이었습니다. 우리들은 소율이의 말에 귀를 기울였습니다.

"어떻게?"

"어른들은 컴퓨터를 잘 못하시지만 우리는 잘하잖아? 특히 천수, 너! 너는 컴퓨터 박사가 되고 싶다며."

"에이, 천수는 컴퓨터를 잘하는 게 아니고 게임을 잘하는 거지, 크크."

용수의 말에 천수가 주먹을 쥐어 보였습니다.

"우리가 군청이나 청와대 인터넷 게시판에 우리 마을의 사정을 알리는 거야. 그러면 사람들이 그 글을 보고 도와주러 와 줄 거 아니야?"

"그렇게 한다고 해서 뭐가 달라지겠어? 정부의 정책이라는 게 있는데? 계란으로 바위 치기다, 뭐."

용진이가 말도 안 된다고 손사래를 쳤습니다.

"꼭 그렇게 생각하지 않아. 어른들이 모두 힘을 합쳐 우리 마을을 살리고자 하는데 우리도 함께 작은 힘이라도 보태면 더 낫지 않을까? 그래, 환경단체 게시판에도 글을 올리는 거야. 그러면 우리와 같은 생각을 갖고 있는 사람들이 함께 힘을 실어 줄 것 아니야? 정말 댐이 필요한 건지, 다른 방법은 없는지."

진아는 소율이의 의견이 일리가 있다고 생각했습니다.

"맞아, 사실 댐이 아닌 다른 방법을 찾아볼 수 있을 것도 같아. 특히 우리 마을처럼 천연기념물이 많은 곳은 후보지가 되어서는 안 되니까 다른 저수지를 활용하여 댐 역할을 할 수도 있을 테고……."

소율이가 한마디 더 거들었습니다. 천수는 그런 소율이의 생각에 깜짝 놀랐습니다.

"우와, 너 정치해야겠다! 어쩜 그런 생각을 다 했니?"

"기본이지 뭐."

"하하하!"

"으이구! 히히."

우리들은 서로 마주 보며 웃었습니다.

"그래, 어쨌든 힘을 모아 우리 마을을 살리자. 오늘 기름 투성이 바다에 가 보니 정말 자연을 방치하거나 훼손해서는 안 될 것 같아. 우리 부모님을 위해서가 아니라 바로 우리를 위해서! 그리고 앞으로 태어날 내 아들을 위해서!"

천수도 뭔가 다짐한 듯 두 주먹을 불끈 쥐고 힘주어 말했습니다.

"너무 거창한 거 아냐?"

조용한 혜민이가 웃었습니다.

"야, 네가 커서 아들을 낳으려면 앞으로 몇 년 더 있어야 하는 줄 알아? 그리고 네가 아들을 낳을지 딸을 낳을지 어떻게 알아?"

용진이 말에 천수가 대꾸했습니다.

"자식! 말이 그렇다는 거지."

우리의 이야기를 가만히 듣고 운전만 하시던 선생님이 크게 웃으셨습니다.

"하하하! 너희들 이야기를 듣고 있으니 오늘 태안에 오길 정말 잘한 것 같구나. 너희들 말대로 자연을 보호하는 것은 꼭 지금의 이익이나 편의를 위해서가 아니야. 앞으로의 미래, 더 나은 미래를 생각하며 우리의 책임을 다해야 한다는 의미니까. 선생님이 어렵게 설명하지 않아도 너희들 스스로 많은 것을 느끼고 알게 된 것 같아 너무 뿌듯하다! 정말 내 제자들이 자랑스럽구나."

운전을 하시는 선생님은 뒷모습만 보여서 표정이 어떤지 몰랐지만, 아주 흐뭇해하시는 것이 분명했습니다. 우리들은 괜히 으쓱해졌습니다.

오랫동안 차가 막혔습니다. 한꺼번에 밀려 나온 차량들이 도로에 가득했습니다. 고속도로를 벗어나 국도를 타자 차는 쌩쌩 잘 달렸습니다. 추위에 떨며 돌을 닦던 아이들은 피곤했는지 하나 둘씩 곯아떨어졌습니다.

진아는 오랫동안 창밖을 내다보았습니다. 산과 나무, 집들이 지나갔습니다. 자연과 사람이 어울려 살아가는 모습이었습니다.

진아는 가방에서 종이와 연필을 꺼냈습니다. 그리고 흔들리는 차 속에서 무엇인가 열심히 적기 시작했습니다.

신성한 자존심에 대한 의무

진수는 이불을 뒤집어쓴 채 오들오들 떨었습니다. 오랫동안 바닷바람을 쐰 탓에 결국 감기에 걸렸습니다.

"진수는 괜히 가서 감기만 걸렸구나."

엄마는 따뜻한 물을 내오며 걱정스러워하셨습니다.

"아니에요, 엄마. 괜히 간 게 아니에요. 전 정말 그곳에서 많은 걸 느꼈는걸요. 텔레비전에서 본 것과는 정말 천지 차이예요. 실제로 가 보니까 기름투성이 바다가 얼마나 아픈지 알겠다니까요. 새가 기름을 뒤집어쓰고 날지 못해 눈만 멀뚱멀뚱 뜨고 죽어 가는 모습을 보니 너무 안타까웠어요."

"그래도 네가 감기에 걸려서 어쩌니?"

엄마는 여전히 걱정하시며 진수의 이마를 짚었습니다.

"사람들 때문에 죽어 가는 새들도 있는데요, 뭘."

진수는 콜록거리면서도 연신 괜찮다고 했습니다.

"허허, 우리 진수가 어린 줄만 알았더니 정말 많이 컸네?"

아빠도 그런 진수가 대견하신 모양이었습니다.

"진수가 태안에 가서도 얼마나 열심히 일했는지 몰라요. 집에서와는 딴판이었어요. 게으름만 피우는 앤 줄 알았는데……."

진아가 웃으며 말했습니다.

"그런데 누나, 그거 칭찬이야 흉이야?"

"음, 좋을 대로 생각해."

진아가 새침하게 말하자 진수가 입을 삐죽거렸습니다. 그런 모습을 부모님은 재미있게 지켜보셨습니다.

"그래서 말인데요?"

진수의 말에 가족들은 귀가 솔깃했습니다.

"우리 마을에 댐이 건설되면 정말 안 되겠다는 생각을 했어요."

진수는 아주 의젓하게 말했습니다.

"그건 저도 동감이에요. 처음에 엄마 아빠가 왜 댐 건설에 반대하시는지 잘 몰랐거든요. 좋은 점도 많은데……. 엄마 아빠가 단순히 고향을 떠나기 싫어서 그러시는 줄만 알았어요. 그런데 이사를 가고 안 가고의 문제가 아니라 바로 환경 문제였다는 걸 알게 되었어요."

진아도 진수와 같은 생각이었습니다.

"그래, 너희들이 그런 생각을 다 했다니 고마운걸."

엄마가 진아의 머리를 쓰다듬어 주셨습니다.

"그런데 환경 문제에서 인간이 자연에 책임을 져야 한다는 말이 구체적으로 어떤 말인지 잘 모르겠어요. 그냥 느낌으로는 맞는 말인 것 같은데……."

진수가 고개를 갸우뚱거렸습니다. 그 모습을 보고 아빠가 빙그레 웃으셨습니다.

"지난번에 얘기했던 한스 요나스 기억나니?"

"네!"

진아와 진수가 대답했습니다.

"환경 문제는 인간과 자연 환경과의 도덕적 관계야. 그것이 무슨 말이냐 하면…… 인간이 자연을 대할 때 도덕적 규범에 따라야 한다고 가정하는 거지."

"도덕적 관계?"

"한스 요나스는 환경 문제를 통해 도덕적 규범들을 설명한단다. 인간은 누구에게 어떤 책임을 지고 있는지, 그리고 그 책임이 어떻게 정당화되고 있는지를 보여 주어야 한다고 주장해. 그러니 자연이 우리에게 혜택을 주는 만큼 우리도 자연에 대해 희생해야 하고, 또 미래의 인류와 다양한 생물에 대해 계속 책임을 져야 하는 거야."

"하하하, 그래서 천수가 미래의 아들딸을 위해 환경을 지켜야 한다고 했어요."

진아는 갑자기 천수의 말이 생각나서 웃었습니다.

"그래?"

엄마도 따라 웃으셨습니다.

"허허, 맞는 말이다. 인간이 윤리적 책임을 갖고 환경을 지킬 때 우리의 미래도 지켜 나갈 수 있으니 말이야. 인간은 자연보다 우월하다고 생각하고 또 다른 동물에 비해 실제로 지능이 좋지 않니? 그러니 자연을 지키는 것은 이런 우리 인간들의 신성한 자존심에 대한 의무이기도 하단다."

"정말 멋진 말이에요! 자존심을 지키기 위해 자연을 지킨다! 자연을 지키는 일이 당연할 수 밖에 없는 거네요?"

대단한 발견을 한 듯 진수는 이불을 걷어 내고 어깨를 쫙 폈습니다.

"자연을 망치면 인간의 자유도 망친다는 말이 있단다. 우리가 좀 더 자유롭게 살기 위해선 자연을 보호해야 하는 건 당연하겠지?"

"네!"

진아와 진수는 왠지 가슴이 벅차올랐습니다.

"그러니까 환경에 대해 너무 어렵거나 복잡하게 생각할 필요는 없어. 나를 존중하듯 자연을 존중하면 되는 거야."

아빠의 말씀에 진아와 진수는 고개를 끄덕였습니다.

"사나이 자존심을 위해서라도 환경을 보호해야겠어요. 내일 당장 엄마 아빠와 함께 시위에 참여할래요!"

진수가 결심한 듯 입술을 앙다물었습니다.

"그 몸으로?"

도로 이불을 뒤집어쓴 진수를 보고 엄마가 웃으며 말씀하셨습니다.

"히히히, 아직은 무리인가?"

진수가 넉살 좋게 웃었습니다.

"환경을 보호한다는 것을 너무 대단하게 생각하지 마. 너희들이 환경단체 사람들처럼 구호를 외치거나 댐 건설을 반대하는 일을 할 필요는 없어. 작은 것부터 실천하면 돼."

엄마가 진수에게 이불을 다독거린 후 덮어 주셨습니다.

"그래, 너희들이 자연을 소중히 여기고 아끼는 마음으로도 충분히 자연을 보호하는 거란다. 더 나아가 작은 풀 한 포기에도 관심을 갖고 함부로 대하지 않는 것 또한 환경 보호란다. 앞으로 너희들이 어른이 되면 환경을 보존하는 것과 반대되는 여러 가지 일을 경험하게 될 거야. 그때마다 무엇이 우선되어야 하고 도덕적으로 어떻게 대처해야 하는지에 대해 생각할 줄 알면 된단다. 그것이 환경을 보호하는 첫걸음이고 최선의 일이니까."

아빠의 말씀에 엄마가 고개를 끄덕이셨습니다. 엄마도 아빠와 함께 살면서 환경에 대해 관심을 많이 갖게 되었다고 말씀하셨습니다.

"아빠가 그렇게 말씀하시니까 지난여름에 냇가에서 있었던 일이 자꾸 양심에 찔리는데요?"

갑자기 진수가 얼버무리며 말했습니다.

"뭔데?"

진아는 궁금했습니다. 진수가 지난여름에 냇가에서 무슨

짓을 했던 걸까요?

"우리 반 세진이 있잖아. 걔가 비눗방울 총을 샀다고 자랑하기에 나는 더 큰 비눗방울을 만들 수 있다고 하면서 집에서 주방 세제를 양동이에 잔뜩 풀어서 잠자리채로 방울을 만들었거든. 텔레비전에서 보니까 사람이 들어갈 정도로도 비눗방울을 크게 만들더라고. 그래서 그렇게 해 봤지. 그런데 아무리 해도 큰 비눗방울이 생기지 않는 거야. 세진이한테 망신만 당하고 집에 돌아오는데 주방 세제를 잔뜩 풀어 놓은 양동이를 어떻게 하지 못해 그냥 냇가에 버렸거든. 집에 와서 엄마가 보면 혼낼까 봐……. 그걸 냇가에 그냥 쏟아 부었으니 물고기들이 얼마나 괴로웠겠어."

"괴롭기만 했겠니? 다 죽었겠다."

진아는 진수에게 꿀밤을 먹이고 싶었으나 감기로 쩔쩔매고 있는 모습을 보고는 참기로 했습니다.

"우리 마을 냇가는 일급수라서 희귀종 물고기가 찾아오는 곳이야. 그런 곳에 함부로 오염 물질을 버리면 안 되지. 앞으로는 절대 그러면 안 돼. 알겠지?"

아빠가 나무라는 듯, 타이르는 듯 말씀하셨습니다.

"네! 사나이 자존심을 지키기 위해서라도 앞으론 절대

그런 짓 안 한다니까요! 믿어 주세요!"

골골대던 진수의 목소리가 우렁찼습니다.

"하하하!"

진아네 가족은 한바탕 웃었습니다.

우리 마을에 놀러 오세요

 흥겨운 장구 소리와 얼씨구절씨구 노랫소리가 메아리쳐 울렸습니다. 마을 회관은 국수를 삶고 부침개를 굽느라 분주했습니다. 마을이 온통 구수한 냄새로 진동했습니다. 어른들은 서로 얼싸안고 술잔을 주고받으며 이야기꽃을 피웠습니다.
 "난 이사 안 가. 얌얌."
 얌얌 할머니가 국수 가락을 집어 입에 넣으며 말씀하셨습니다.
 "이젠 이사 안 가셔도 돼요. 산으로도 냇가로도 이사 가실 필요가 없어요."

진아 아빠는 할머니께 자신의 그릇에서 국수를 좀 더 덜어 드렸습니다.

"댐이 생긴다믄서? 얌얌."

얌얌 할머니가 국물을 후루룩 마시며 말씀하셨습니다.

"아니에요. 이제 우리 마을에 댐 안 만들기로 했어요. 우리 마을이 너무 아름답고 살기 좋다고 그냥 이대로 잘 살라고 하네요."

진아 아빠는 신명이 나는지 미소를 지으며 절로 목소리가 커졌습니다.

"나 귀 안 먹었어! 얌얌. 여하튼 잘 됐구먼. 우리 영감이 좋아하겠어."

얌얌 할머니는 국수를 맛있게 드셨습니다. 진아 아빠는 흐뭇하게 웃었습니다.

"이렇게 좋을 수가 있나? 이게 다 진아 아빠가 앞장선 덕분이오."

술이 얼큰하게 취한 천수 아빠가 말했습니다.

"제가 뭐 한 일이 있나요? 모두 우리 마을 사람들이 힘을 합쳐서 그리 된 것이지요."

"아니, 아니야. 그래도 진아 아빠가 나서지 않았으면 우리는 그저 보상이나 받고 이사 갈 궁리만 했을 거요."

천수 아빠가 진아 아빠에게 술 한잔을 따라 주었습니다. 그 모습을 지켜보던 홍씨 아저씨가 슬그머니 고개를 돌렸습니다.

"홍씨는 그 감나무 다 뽑아 버렸나? 그대로 두면 감이 제대로 열리지 않을 텐데?"

홍씨 아저씨가 뜨끔하여 어깨를 움찔했습니다.

"죄, 죄송해요……."

"뭐, 그게 자네 탓인가, 세상 탓이지. 그나저나 올해 홍씨네 감 맛은 어떨지 궁금하네. 홍씨네 감이 우리 마을에서 제일 맛있지 않아?"

진아 아빠는 웃으며 천수 아빠를 쳐다보았습니다.

"그럼요!"

천수 아빠도 장단을 맞추었습니다.

"비료나 한 자루 더 살걸, 괜히 어린 감나무 묘목을 사서 손해가 이만저만이 아니에요."

홍씨 아저씨는 쑥스러운 듯 고개를 저었습니다.

"허허, 그러게 왜 그런 쓸데없는 짓을……."

천수 아빠가 한마디 했습니다.

"부끄럽습니다."

"그럴 필요 없어. 댐이 건설되어 이사를 가야 한다고 했을 때 한 푼이라도 보상금을 더 받으려고 자네처럼 하지 않은 사람이 어디 있겠나?"

천수 아빠가 손사래를 쳤습니다. 홍씨 아저씨는 다시 얼굴이 빨개지셨습니다. 천수 아빠가 홍씨 아저씨에게 술 한 잔을 따라 주었습니다.

마을 사람들은 서로에게 음식을 권하며 웃음꽃을 피웠습니다.

우리 마을에 댐이 건설되지 않게 된 것입니다. 군청에 몰려 가서 시위를 하고, 댐 건설 반대의 정당성을 알리고, 마을 주민들이 서명 운동을 벌이고, 또 환경평가위원회와 오랜 시간 토론을 벌인 뒤 얻은 결과였습니다.

어른들은 서로 격려하며 즐거워했습니다. 아이들도 신이 나서 웃고 떠들며 맛있는 음식을 먹었습니다.

"정말 잘된 일이야. 우리 마을에 댐이 건설된다는 게 말이나 되는 일이야?"

"그럼요! 이렇게 아름다운 우리 마을이 물속에 가라앉다니요!"

"당연하죠, 이런 이웃들을 어디에서 또 만나라고……. 정말 고생들 많으셨어요."

"우리 마을 사람들의 단합된 힘을 확실히 보여 줬네요! 호호."

"다들 수고 많으셨어요."

어른들은 서로의 손을 잡아 주었습니다.

"그런데……, 우리 마을에 댐 건설이 무산된 데는 다른 공로자가 있다던데?"

논농사를 제일 크게 짓고 있는 최씨 아저씨가 말씀하시자 모두들 "누군데요?" 하면서 최씨 아저씨를 빤히 쳐다보았습니다.

"바로, 우리 아이들이에요!"

그때 선생님이 자랑스러운 듯 말했습니다.

"아이들이요?"

소율이 엄마가 말했습니다.

"네, 아이들이 청와대고 정당이고 도청이고 군청이고 환경단체고 할 것 없이 인터넷 게시판에 우리 마을 소식을 전하면서 댐이 건설되지 않도록 글을 올렸대요. 지난번 아이들과 기름 유출 사건이 있었던 태안에 갔었는데, 환경에 대해 느낀 것이 많았나 봐요. 우리 마을을 살려야 한다면서 저희들끼리 대책을 세운 모양이에요. 허허."

선생님은 연신 웃으며 말씀하셨습니다.

"그래요? 정말 대견하네요. 어쩜 아이들이 그런 생각을 다 했을까요? 기특하기도 해라."

진아 엄마는 함박웃음을 지었습니다. 그 모습을 지켜보던 아이들은 서로 얼굴을 마주 보며 웃었습니다.

"그뿐만이 아니에요. 지난번 뉴스에서는 우리 아이들이 태안반도에서 봉사하는 모습도 나왔다던데요?"

"그래요?"

"네. 우리들이 군청으로 쫓아다니느라 텔레비전 볼 시간이 없었잖아요. 그런데 정말 뉴스에 우리 아이들이 나왔다더라고요. 다른 마을 사람이 말해 줘서 알았다니까요."

"아이고, 정말 대견하네."

"아이들이 봉사하면서 인터뷰도 했는데, 우리 마을에 댐이 건설되면 환경이 오염되니까 꼭 우리 마을을 지킬 수 있게 해 달라고 야무지게 말했대요."

"하하, 그래서 댐 건설이 무산되었나?"

"여하튼, 아이들이 어른들보다 낫네요. 텔레비전에도 나오고 인터넷에도 알리고…….”

어른들은 아이들의 이야기를 듣고 매우 대견해하셨습니다. 아이들은 어른들의 이야기를 흘려들으면서도 뿌듯한 마음을 감추지 못했습니다.

"그 덕에 댐 건설이 무산된 성과도 크지만, 인터넷에 올린 글 덕분에 다른 사람들이 우리 마을을 알게 되어 꼭 한번 와 보고 싶어 하는 사람들이 많다는군요. 우리 마을을 제대로 홍보한 셈이 되었어요."

"하하, 우리 아들이 컴퓨터 박사거든요. 저녁마다 뭘 그렇게 두들기나 했더니 그런 기특한 일을 했나 보네?"

천수 아빠가 천수의 어깨를 툭 치며 말씀하셨습니다.

"우리 용진이도 그러던데?"

용진이 아빠도 말했습니다.

"우리 아이도요!"

"우리 애도 그랬다니까요!"

아이들 자랑에 부모님들은 신명이 났습니다.

"어쨌든 댐 건설이 무효가 될 수 있었던 것은 마을 사람 모두의 힘 덕분이었어요."

진아 아빠의 말에 선생님이 끼어들었습니다.

"우리 마을 사람들뿐만은 아닐 거예요. 식물과 또 철마다 찾아오는 동물들 덕분인 것 같아요. 그 생명들이 아니었다면 댐이 만들어졌을 테니까요. 아름다운 자연 덕분에 우리가 살 수 있게 되었습니다. 허허."

"그 말이 옳습니다!"

진아 아빠도 고개를 끄덕였습니다.

"그럼, 흰배지빠귀 덕이네요?"

홍씨 아저씨도 웃으며 말했습니다.

"아니, 그런데…… 그 아이는 대체 누구예요?"

소율이 아빠가 말했습니다.

"누구 말이에요?"

사람들은 궁금한 듯 소율이 아빠를 쳐다보았습니다.

"글쎄, 우리 마을 어떤 아이가 대통령에게 편지를 썼다지 뭐예요? 그 편지를 읽은 대통령이 감동받아서 직접 우리 마을 댐 건설에 대해 물어보고 꼭 막아 달라고 부탁했다는군요."

"정말이요?"

"네, 제가 군청에서 일을 하지 않습니까? 그 이야기를 도청 직원이 듣고 제게 와서 말해 주더라고요. 우리 마을 사람들과 자연의 힘이 댐 건설을 막았다고 하지만, 결정적인 계기가 된 것은 그 아이의 편지가 아니었을까요?"

소율이 아빠의 말씀이 끝나자 어른들이 모두 아이들을 바라보았습니다. '대통령에게 편지를 쓴 아이가 누구니?' 하는 표정이었지만, 아이들도 어리둥절해서 고개를 절레절레 흔들었습니다.

"우리 천수는 컴퓨터는 잘하는데 글을 잘 못 써서……."

"아빠!"

천수 아빠의 말에 천수가 소리를 치자 사람들이 웃었습니다.

"글쎄? 누굴까? 누구니? 누가 편지를 썼니?"

혜민이 엄마가 아이들을 번갈아 보며 물었습니다. 아이들은 서로 얼굴만 쳐다보며 모르겠다는 표정을 지었습니다.

"분명, 우리 마을 아이라고 했는데……."

"이름은 못 들었어요?"

"네. 그 사람도 누군가에게 전해 들은 이야기라……."

"누가 됐든 우리 마을 아이들 중에 하나라니 정말 자랑스러운 일이에요."

"허허, 대통령도 감탄할 만한 편지를 썼다면, 분명 그 아이는 커서 작가가 되지 않을까요? 더 많은 사람들을 감동시키는 글을 쓸 게 분명하니까."

"그러게요!"

"하하하."

"호호호."

우리 마을은 웃음꽃이 활짝 피었습니다. 댐이 건설되지 않고 아름다운 자연 속에서 살아갈 수 있다는 사실도 좋았지만, 이렇게 서로를 존중하고 아끼는 이웃과 함께 살 수 있다는 사실도 무척 좋았습니다. 누군가 먼저 장구를 치고 노래를 했습니다. 너나 할 것 없이 흥겨운 노랫소리에 일어나 춤을 추었습니다.

산이, 나무가…… 애기똥풀, 황조롱이, 열목어가 덩실덩실 춤을 추었습니다.

대통령 아저씨, 부탁이에요

고속도로를 벗어나 국도를 타자 차는 쌩쌩 잘 달렸습니다. 추위에 떨며 돌을 닦던 아이들은 피곤했는지 하나 둘씩 골아 떨어졌습니다.

진아는 오랫동안 창밖을 내다보았습니다. 산과 나무, 그리고 집들이 지나갔습니다. 자연과 사람이 어울려 살아가는 모습이었습니다.

진아는 가방에서 종이와 연필을 꺼냈습니다.

대통령 아저씨께

안녕하세요? 저는 배진아라고 하는 5학년 어린이예요.

저희 분교 친구들은 오늘 태안반도 기름 유출 사건이 있었던 꽃지 해수욕장에 다녀오는 길이에요. 바닷가에서 모래성을 쌓고 수영을 하면서 놀기만 했지, 이렇게 추운 날 봉사를 하러 갈 것이라곤 상상도 못 했어요. 그런데 직접 가서 보니 기름투성이 바다가 너무나 끔찍했어요. 하얀 배를 뒤집고 죽은 물고기 떼와 기름을 뒤집어쓰고 날개를 파닥이며 죽어 가는 물새들을 보고 있자니 가슴이 정말 아팠어요.

저는 오늘 그곳에서 돌에 묻은 기름 찌꺼기를 닦으며 우리들 마음에 깊이 찌든 때도 함께 닦았어요. 우리는 자연의 혜택을 무한히 받으면서도 자연에게 배려하는 마음은 인색했던 것 같아요. 산과 바다가 푸르고 아름다운 꽃과 새소리를 아주 당연하게 생각해 왔던 지난날이 미안했어요.

도시의 아이들은 자동차를 피해 높은 건물의 학원에서 하루의 일과를 보낸다고 하더군요. 그러나 우리 산골 마을 아이들은 그렇지 않아요. 자연이 주는 맑은 공기를 마시며 흙먼지를 뒤집어쓰고 언덕으로 밭으로 냇가로 쏘다니지요.

태안에 갔다 오기 전까지는 도시의 아이들이 몹시 부러웠어요. 편안하게 생활하고 예쁜 옷을 입고 영화를 보고 햄버거를 쉽게 사 먹을 수 있는 도시의 아이들이요. 그런데 태안에 갔다 오고 나니 날마다 숨 쉬며 마시는 공기와 늘 보는 푸른 나무가 얼마나 소중하고 값진 것인지 깨닫게 되었어요.

대통령 아저씨.

우리 마을은 참 아름다운 곳이에요.

여름이면 개개비, 검은댕기해오라기, 귀제비, 깝작도요, 꼬마물떼새, 노랑때까치, 물레새, 솔부엉이, 산솔새, 알락할미새가 놀러 오고요. 냇가에는 버들치, 각시붕어, 꺽지, 쉬리, 어름치, 쏘가리, 납자루, 돌고기, 퉁가리가 헤엄쳐요. 그리고 산과 들에는 구름국화, 분홍비늘꽃, 닻꽃, 자주꽃방망이, 중나리, 앵초, 엉겅퀴, 노루귀, 산매발톱, 제비동자꽃이 피어 있어요.

이 모든 생물은 인심 좋은 우리 마을 사람들과 함께 숨 쉬고 노래하며 살아가는 가족이랍니다.

그런데 우리 마을에 댐이 건설된대요. 댐이 건설되면 우리 마을은 물에 잠겨요. 물에 잠기는 것은 우리 마을뿐만이 아니에요. 우리 아이들의 보금자리이자 마음의 친구인 아름다운 자연이 함께 사라지고 말아요.

대통령 아저씨.

우리 마을을 살려 주세요. 댐이 건설되면 마을이 발전한다고 해요. 하지만 이 모든 것을 잃고 발전하는 것을 우리 마을 사람들은 원하지 않아요. 물론 대통령 아저씨도 그렇겠지요? 대통령 아저씨는 우리나라를 책임져 이끌어 가시는 분이잖아요? 우리나라의 자연을 대통령 아저씨가 책임져 주세요. 자연을 책임질 때 진정으로 우리 인간이 자유로울 수 있대요. 정말로 자유로운 우리나라가 되게 해 주세요.

어른들은 날마다 군청에서 댐 건설 반대 시위를 하고 계세요. 이렇게 추운 겨울에 말이지요. 그렇지만 지금 우리 마을 사람들을 춥게 하는 것은 겨울이 아니에요. 우리 마을에 댐이 건설되어 모두가 뿔뿔이 흩어지고 사라져야만 한다는 사실에 떨고 있습니다.

대통령 아저씨, 부디 우리 마을을 지켜 주세요. 그리고 아름다운 우리 산골 마을에 꼭 한번 놀러 오세요. 꼭이요!

네 생각은 어때?

진아는 마을 사람들의 생활 터전을 사라지게 하는 댐 건설을 막아 달라고 대통령께 편지를 띄웁니다. 자신의 주장을 알리는 아주 적극적인 행동인데요. 진아가 한스 요나스의 책임 윤리를 훌륭하게 실천하고 있네요. 여러분은 환경 보전을 위해 어떤 실천적인 행동을 할 수 있을까요? 자유롭게 상상하고 말해 보세요. ▶풀이는 185쪽에

철학자의 생각

미래를 위한 책임 윤리

'자연이 얼마만큼 견딜 수 있는가'를 고민하라

한스 요나스의 『책임의 원칙』은 미래에 필요한 윤리를 바로 세우기 위해 씌어졌어요. 다음과 같은 원칙을 제시하고 있지요.

한스 요나스는 미래에는 책임이 더욱 중요한 역할을 할 거라고 말했어요. 그가 새롭게 받아들이는 윤리의 방향은 과거의 '도덕관'을 새롭게 정립하여 만든 구체적인 모델이에요. 이미 변해 버린 인간의 본성을 우리의 삶 속에서 구체화시키고자 하는 작업이죠. 그의 중심 모델은 미래의 도덕적인 의무를 세우는 것입니다.

이러한 맥락에서 자연과 인간의 관계를 그 이전과는 조금 다른 도덕관으로 이야기하고 있어요. 윤리의 원칙과 그 타당성에 대해 단지 개인의 도덕성에만 한정시키지 않지요. 인간의 행위 결과가 단지 개인적인 책임에 머물러서는 안 되고 사회적으로 책임져야 할 영역으로 점차 확대되어야 한다고 강조합니다.

한스 요나스가 이야기하는 자연에 대한 책임과 미래 세대를 위한 책임은 서로 어떠한 관계를 맺고 있을까요? 새로운 책임 윤리가 현 상황을 극복할 수 있는 미래의 이론적 대안이 될 수 있을까요? 이러한 질문에 쉽게 답을 찾을 수는 없을 거예요. 하지만 인류의 미래는 자연에 대해 어떤 태도를 취하는가에 달려 있다고 해도 과언이 아니에요.

한스 요나스는 자연에 대해 '인간이 얼마만큼 기술을 발전시키고 행위할 수 있는가'가 아니라 '자연이 얼마만큼 견딜 수 있는가'의 문제를 고민해야 한다고 말했어요. 온 지구가 세계의 종말에 대한 징후를 드러내고 있는 현 상황에서 인간이 스스로 승리자라고 자처한 승리는 오히려 자신을 위협할 수 있다는 사실을 똑바로 깨달아야 한다고 말이에요. 이런 점에서 그는 인간과 자연, 자연과 인간의 조화를 고민한 철학자입니다.

이렇듯 한스 요나스의 책임 윤리는 미래 세대를 위한 윤리입니다. 미래 세대를 위한 윤리는 미래 세대에 대한 책임 또는 미래 세대에 대한 의무이기도 해요. 미래 세대의 이익을 소중하게 배려해야 한다는 윤리적 책임이죠. 여기서 미래 세대는 자신의 자식이나 손자처럼 직접 혈연 관계만이 아니라 자신과 관계없는 사람들의 이익이나 아득히 먼 미래에 살게 될 후손을 포함해요. 우리는 미래 세대의 이익까지도 모두 생각하면서 자연에 대한 책임을 져야 합니다.

즐거운 독서 퀴즈

1 한스 요나스는 과학 기술이 초래한 환경 파괴를 비판하며 인간의 '책임 윤리'를 강조해요. 다음에서 한스 요나스의 책임 윤리와 거리가 먼 것을 찾아보세요. ( )

❶ 인간은 미래 세대와 미래의 자연에 대한 책임 윤리를 가져야 한다.

❷ 인간이 가져야 할 자연에 대한 태도는 '인간이 얼마만큼 기술을 발전시키고 행위할 수 있는가'가 아니라 '자연이 얼마만큼 견딜 수 있는가'의 문제를 고민하는 것이다.

❸ 인간은 자연을 지배하여 문명을 건설한 승자이므로 지구 환경에서 더 나아가 우주 환경을 바꾸고 건설하는 데 힘써야 한다.

❹ 인간과 자연은 도덕적 관계이므로 도덕적 의무가 있다.

정답

❸ 인간은 자연을 지배하여 문명을 건설한 승자이므로 지구 환경에서 더 나아가 우주 환경을 바꾸고 건설하는 데 힘써야 한다.

2 진아는 댐 건설을 막아 달라고 대통령에게 편지를 보냅니다. 진아는 편지에 댐 건설에 반대하는 이유를 조목조목 밝히는데요. 그 이유에 해당하지 않는 것은 무엇일까요? (   )

❶ 마을이 물에 잠기면 아름다운 자연도 함께 사라져요.
❷ 마을 사람들의 일자리도 늘어나고 마을이 발전돼요.
❸ 가족같이 살아온 마을 사람들이 뿔뿔이 흩어져요.
❹ 예쁜 꽃과 새소리, 시원한 공기와 푸른 나무가 너무 소중해요.

정답

❷ 마을 사람들의 일자리도 늘어나고 마을이 발전돼요.

네 생각은 어때? 문제 풀이

54p

프로메테우스가 인간에게 전해 준 불은 '문명' 혹은 '과학 기술'을 의미합니다. 기술 문명은 자연을 자기 이익대로 바꾸고, 심지어 지구 전체를 파괴할 수 만큼 위력을 가지고 있어요. 문제는 인간의 권력 남용이라고 생각합니다. 권력을 남용한 결과 자연이 파괴되고 결국 인간 스스로도 위험해지고 있습니다. 기후 변화, 산과 바다의 오염, 감염병의 확산 등으로 동식물만이 아니라 인간도 생명이 위태로워지고 있어요. 그러므로 인간에게는 자정 능력이 필요합니다. 더 이상 자연 생태계를 파괴하는 활동을 멈춰야 합니다. 무분별한 개발, 삼림 파괴, 상품의 대량 생산과 소비 등의 자연 파괴 행위를 중단해야 해요. 인간의 모든 활동은 자연과 공존하고, 동식물 생태를 보존하는 방향으로 나아가야 합니다.

87p

　아주 작은 실천이 환경 보호의 첫걸음이 될 수 있습니다. 소비자로서 우리는 친환경적으로 생산된 제품과 에너지 효율이 높은 제품을 구입하는 노력을 할 수 있어요. 자동차 이용을 줄이고 자전거를 타거나 대중교통 이용하면 이산화탄소 배출량을 줄일 수 있습니다. 장거리를 이동할 때에는 이산화탄소를 많이 배출하는 비행기보다 기차를 이용하는 것이 현명합니다. 에너지를 아끼는 실천도 중요합니다. 온실가스 방출의 74%는 연료, 난방, 전기 제품에서 발생합니다. 전원 스위치를 꺼서 전자 제품이 대기 상태로 있지 않도록 하고, 냉난방 시 적정 온도를 유지하면 에너지 낭비를 줄일 수 있습니다. 소비를 줄이기 위해 물건을 재사용 또는 재활용하거나 물건을 교환해서 쓰는 방법도 온실가스를 줄이는 일입니다.

　저탄소 식사도 좋은 실천입니다. 과일과 채소 소비를 늘리고, 고기를 덜 먹는 식사는 온실가스 배출량을 줄입니다. 축산업은 막대한 이산화탄소를 배출하는 산업이기 때문입니다. 자신이 살고 있는 지역이나 가까운 곳에서 생산된 로컬 푸드를 먹는 습관도 물품 수송에 따른 이산화탄소 방출을 줄일 수 있습니다. 제철 음식을 즐기는 식습관은 지속 가능하지 않은 식품 생산을 줄이는 데 도움을 줍니다.

110p

비행기나 자동차는 우리가 가고 싶은 곳을 빠른 속도로 갈 수 있게 하고, 자연 바람보다 선풍기나 에어컨은 무더위를 쉽게 날려 버리죠. 자동차나 에어컨 없는 삶은 불편하기 때문에 우리는 과학 기술에 의존하며 살아갑니다. 하지만 과학 기술의 긍정적인 측면만 보고 유토피아를 꿈꿔서는 안 됩니다. 인간의 삶이 편리해질수록 자연 환경과 동식물은 위험해집니다. 우리의 편리함은 자연 환경을 파괴한 대가로 얻어지는 것이기 때문입니다. 따라서 인간 중심의 기술이 아닌 자연 생태 중심, 지구 생명을 보존하는 방향으로 기술을 전환해야 합니다. 과학 기술이 모든 것을 해결해 줄 것이라는 낙관적인 생각을 버려야 합니다. 과학 기술을 자연 친화적으로 이끌고 우리도 생태적 삶으로 바꾸어 나가야 합니다. 인간의 생활이 변화하면 과학 기술도 생태적인 방향으로 바

뛰어 갈 것입니다. 한스 요나스가 강조한 '자연에 대한 책임 윤리'는 우리의 생각과 행동으로 실천할 수 있습니다.

176p

　우리는 모든 생명이 함께 살아가는 터전을 만들기 위해 목소리를 낼 수 있어요. 지구를 살리기 위한 환경 정책에 관심을 가지고 환경 단체를 지지하거나 지원한다면 국가도 정책을 만들고 실행하게 될 거예요. 힘을 모아서 국가나 기업에 환경 보호 정책을 시행하라고 압력을 행사할 수도 있어요. 환경을 파괴하는 기업을 감시하여 불매 운동을 전개할 수도 있고요. 또 환경 단체에 가입해 환경 보호를 실천하거나, 기후 과학을 공유하는 공동체를 만들어 실천 과제를 수행할 수 있어요. 지금 심각한 문제가 되고 있는 지구 기후 변화를 늦추기 위해 친구들과 공부하고 이벤트를 만들어 사람들과 함께 캠페인을 하는 등 목소리를 낼 수 있습니다. 지구와 환경을 위하는 일이라면 그 무엇이든 상상할 수 있어요.

한스 요나스가 들려주는 환경 이야기
내일도 숲을 볼 수 있을까?

ⓒ 양해림, 2008

초 판 1쇄 발행일 2008년 7월 8일
개정판 1쇄 발행일 2021년 9월 30일

지은이　　양해림
그림　　　문종인
펴낸이　　정은영
편집　　　최성휘 김정택
디자인　　김혜원 김여은
마케팅　　최금순 오세미 김하은
제작　　　홍동근

펴낸곳　　(주)자음과모음
출판등록　2001년 11월 28일 제200-000259호
주소　　　경기도 파주시 회동길 325-20
전화　　　편집부 (02)324-2347 경영지원부 (02)325-6047
팩스　　　편집부 (02)324-2348 경영지원부 (02)2648-1311
e-mail　　jamoteen@jamobook.com

ISBN 978-89-544-4762-1 (73810)

잘못된 책은 구입처에서 교환해 드립니다.
저자와의 협의하에 인지는 붙이지 않습니다.

이 책은 『한스 요나스가 들려주는 환경 이야기』(2008)의 개정증보판입니다.